J. C. Sigauke

Mulheres, magia e feitiçaria no mundo antigo

J. C. Sigauke

Mulheres, magia e feitiçaria no mundo antigo

ScienciaScripts

This book is a translation from the original published under ISBN 978-3-659-85104-9.

Publisher:
Sciencia Scripts
is a trademark of
Dodo Books Indian Ocean Ltd. and OmniScriptum S.R.L publishing group

120 High Road, East Finchley, London, N2 9ED, United Kingdom
Str. Armeneasca 28/1, office 1, Chisinau MD-2012, Republic of Moldova, Europe

ISBN: 978-620-3-59143-9

Conteúdo

Dedicação

Às mulheres especiais da minha vida.

Resumo

Os termos bruxaria e magia têm sido historicamente aplicados a qualquer influência sobre a mente, o corpo ou a propriedade de outra pessoa contra a sua vontade. Uma das caraterísticas mais frequentemente atribuídas a uma bruxa é a capacidade de lançar um feitiço, um meio utilizado para realizar uma ação mágica. Desde a antiguidade, há relatos sobre o uso de magia que se acreditava ter o poder de influenciar a mente, o corpo ou os bens. Os utilizadores maliciosos de magia eram acusados de causar doenças, enfermidades nos animais, má sorte, morte súbita, impotência e outros infortúnios semelhantes. A bruxaria, mais benévola e socialmente aceite, era então utilizada para afastar a maldade ou para identificar o suposto malfeitor, de modo a que o castigo pudesse ser aplicado. No entanto, isto não ajudou muito, pois os malfeitores (bruxas e magos) acabaram por ser identificados como mulheres. A mulher sofreu muita tortura mental, especialmente depois de ter sido acusada de tais actos, e estas acusações continuam até hoje. O objetivo desta tese é, por conseguinte, determinar as razões pelas quais a mulher continuou a ser alvo de tais acusações; esclarecer se estes actos eram apenas orientados para a mulher ou se o homem também participava nesses actos.

Agradecimentos

No decurso da investigação e da redação, alguns obstáculos dificultaram o progresso desta tese, mas, com a orientação do Todo-Poderoso, foi concluída com êxito. Gostaria de expressar a minha mais profunda gratidão ao Dr. J. D. McClymont, o meu orientador de investigação, pela sua paciente orientação, encorajamento e críticas úteis a este trabalho de investigação.

Gostaria de agradecer ao Sr. Moyo, ao Professor L. Graverini e ao Professor J. Wills por me terem facultado livros, revistas e artigos úteis, e pelos seus comentários perspicazes, sugestões e encorajamentos durante o curso desta investigação. Gostaria também de agradecer ao Dr. Mlambo, pelo seu apoio moral e encorajamento.

Estou muito grato a vários membros do departamento que deram sugestões construtivas e gostaria de agradecer o encorajamento e o apoio dos meus amigos e colegas: Mavis Muguti, Rumbidzai Chatindiara, Precious Zenda, Hardlife Zvoushe, Taurai Mukhahlera.

Finalmente, devo um agradecimento especial ao meu marido, Madhlozi Moyo, à minha filha Nomhle Moyo e à minha família, Dr. Sigauke, Sra. Sigauke e Gift Sigauke, pelas conversas úteis e pelo apoio moral ao longo dos meus estudos.

Não sou bruxo nem mágico. Não tenho qualquer conhecimento interno ou experiência e este exercício é de interesse puramente académico.

Capítulo 1: Introdução

1.1 Introdução

Termos como bruxaria e magia podem parecer familiares e fáceis de debater, especialmente quando se trata dos acusados de praticar esses actos, mas, segundo G. L. Chavhunduka, o tema da bruxaria continua a criar controvérsia em muitas partes do mundo.[1] Sempre que se começa a discutir este assunto, as pessoas dividem-se normalmente em dois grupos, um grupo que diz que as bruxas não existem e outro que diz que as bruxas existem. Daí a necessidade de analisar profundamente este assunto controverso, de um ponto de vista clássico, numa tentativa de compreender o tipo de pessoas envolvidas nestas práticas e por que razão praticam estes actos. Neste capítulo, explicarei brevemente os termos "bruxaria" e "magia" e apresentarei as razões pelas quais as mulheres são maioritariamente acusadas de praticar estes actos, argumentando que não são só as mulheres que estão envolvidas nestas práticas. Nos capítulos seguintes, será analisada em profundidade a prática da bruxaria e da magia em sociedades antigas como a Grécia, Roma e Egito.

O mundo clássico era um mundo de várias culturas que praticavam diferentes religiões e ritos. A feitiçaria continua a ser uma das profissões mais antigas do mundo e a mais antiga "falsa religião", segundo a comunidade cristã.[2] As artes ou práticas da feitiçaria e da magia não eram fenómenos praticados apenas em África, como se pode constatar na maioria das lendas mitológicas antigas. Eram fenómenos que se encontravam em muitas partes do mundo. Embora Apuleio fosse africano, quando viajou por muitas cidades e estados do antigo mundo mediterrânico, descobriu que estes fenómenos também eram praticados noutros locais. *A Medeia* de Eurípides, por exemplo, mostra que a bruxaria e a magia eram fenómenos praticados mesmo na Grécia continental.[3] Mesmo na *Medeia*, parece que se tratava de uma arte praticada sobretudo por mulheres, pelo facto de serem "criaturas inferiores" no mundo. Mas será isto verdade ou trata-se de um pressuposto baseado no facto de os homens só pensarem nas mulheres como criaturas incompletas, segundo Aristóteles?[4]

Outro objetivo desta tese é estabelecer a posição e os papéis das mulheres na sociedade antiga , o que, por sua vez, ajudará a encontrar uma explicação razoável para o facto de as mulheres serem

---

1 Chavhunduka G. L., 1980, 'Witchcraft And The Law In Zimbabwe' Zambezia, Vol. 3 No.2, p 129.
2 Gibson W, 1973, 'Witchcraft among the Ancients' em Witchcraft: A History of the Black Art, p 1.
3 Apesar de *Medeia* ser uma história, ajuda a esclarecer que a bruxaria era uma prática também conhecida pelos gregos e que a maioria deles desconfiava que estes actos eram praticados sobretudo por mulheres.
4 Clayton E., Aristóteles - A Política: Livro 1- Mulheres, Internet Encyclopedia of Philosophy (IEP), www.iep.utm.edu/ consultado em 19 de abril de 2011.

principalmènte acusadas de serem bruxas. Embora as mulheres estivessem envolvidas nestes actos, não se tratava de um tráfego unidirecional; os homens também estavam envolvidos nestas práticas, como se pode ver no tratado e no romance de Apuleio, a *Apologia* e o *Asno de Ouro*, respetivamente. Os homens também participavam em cultos e, por vezes, devido à curiosidade e à ansiedade, acabavam por se meter em sarilhos. É o caso de Lúcio, no Asno *de Ouro*, cujas aventuras ocultistas o levaram a transformar-se num asno, tendo de percorrer grande parte do mundo mediterrânico sob essa forma, na ânsia de recuperar a sua forma original. Este romance provou ser uma óptima fonte de feitiçaria e magia. Acredita-se que estas práticas se tornaram populares na Antiguidade tardia, mas isso não significa que não fossem praticadas também na Antiguidade primitiva.

1.2   Domínio de investigação

Apuleio retrata mulheres que recorrem à magia numa tentativa de alcançarem as ambições desejadas. A acusação de actos de magia e de feitiçaria aponta para as mulheres, e este ponto de vista é apoiado por Barbara Rosen, que afirma que mais mulheres do que homens eram chamadas bruxas, porque se suspeitava que a feitiçaria lidava predominantemente com as preocupações das mulheres e que o seu mundo era muito mais fechado e misterioso.[5] O *Asno* de *Ouro* de Apuleio prova que isto é verdade, uma vez que a maior parte dos truques mágicos e feitiços são efectuados por diferentes mulheres para seu próprio benefício.[6] Serão feitas tentativas para encontrar as razões pelas quais as mulheres são, na sua maioria, retratadas a realizar tais actos no romance. Será porque as mulheres gozavam de poucos direitos na sociedade? Em caso afirmativo, a prática da feitiçaria e da magia seria uma forma de escapar a este complexo de inferioridade social? Ou será que era para benefício pessoal? A resposta a estas questões será dada através da análise do *Asno de Ouro de* Apuleio.

1.3 Justificação

A prática da magia e da feitiçaria foi sempre marginalizada pelas mulheres. As mulheres sempre foram acusadas de praticar bruxaria, não só nas sociedades antigas, mas também no mundo contemporâneo, incluindo o Zimbabué. Durante o tempo do imperador Nero (60-64 d.C.), muitas mulheres foram queimadas até à morte depois de terem sido acusadas de serem bruxas *(sagae,*

---

5   Rosen B., 1969, Witchcraft, p 8.
6   Graves R., 1990, The Golden Ass, p. 9 - Meroe - a namorada de Sócrates certificou-se de que seduzia todos os homens
que ela pensava ser útil na sua vida privada.

5

lamiae).[7] O romance *O Asno de Ouro* mostra que a maioria dos actos mágicos e de bruxaria conduzem a maus resultados e funcionam com base na curiosidade de alcançar algo que está para além do controlo do indivíduo.[8]

As questões que se colocam agora são as seguintes: foram sempre as mulheres que praticaram a feitiçaria e as chamadas "práticas maléficas" foram sempre maléficas ou, por vezes, acreditava-se que eram boas, como se pode ver nas epopeias clássicas?[9] A investigação demonstrou que a prática da magia e da feitiçaria não é feita apenas por razões maléficas. Após a morte de um cidadão importante da cidade de Larissa, um mágico egípcio chamado Zatchlas foi chamado antes do enterro para determinar a causa da morte do jovem. Depois de invocar os espíritos e de misturar as suas poções, Zatchlas declarou que a mulher "gananciosa" do jovem o tinha matado.[10]

Noutros textos clássicos, as mulheres são consideradas por Aristóteles como homens deformados, incompletos ou mutilados.[11] Hesíodo afirmava que uma mulher (Pandora) trazia consigo a dor e o mal e que era uma enganadora.[12] Algumas mulheres, para ultrapassar estas acusações, encontraram um escape na religião, na prática de cultos, na magia e na feitiçaria, acabando por ser acusadas de bruxas. Plínio, o Velho, em *A História Natural*, escreveu: "... embora a magia seja ineficaz e infame, ela contém, no entanto, sombras de verdade, particularmente das artes de fazer veneno e ninguém não tem medo de feitiços."[13]

A prática da magia e da feitiçaria era vista de forma negativa e era proibida na Roma republicana. As autoridades romanas opunham-se à feitiçaria e ao encantamento e, como resultado, foi aprovada uma lei contra estas práticas. A lei que Roma utilizou contra a feitiçaria, a *lex Cornelia de sicariis et veneficis* (81 A.E.C.), não visava originalmente os feiticeiros mas os assassinos, e os termos *de sicariis et veneficis* distinguiam os dois. *De sicariis* refere-se àqueles que matavam

---

7   Este foi o período em que, como muitos estudiosos descreveriam como os anos de loucura de Nero, ele estava a perseguir
a comunidade cristã, acusando-a de ter incendiado a cidade e culpando-a de todas as desgraças que se abateram sobre a cidade e o império.
8   Graves R., 1990, Op cit, p 49 - 50 - Lúcio transformou-se num asno quando na realidade queria tornar-se um pássaro.
9   Tully C., 2002, The Cauldron:- Witchcraft, Paganism and Folklore-Witches of Ancient Greece and Rome (O Caldeirão: Bruxaria, Paganismo e Folclore - Bruxas da Grécia e Roma Antigas),
http://www.thecauldron.org.uk/ - As bruxas actuaram como guias de heróis como Odisseu, Eneias e Jasão, e a sua orientação é também evidenciada na literatura romana, como nas *Odes* e *Epodos* de Horácio ou na *Pharsalia* de Lucano.
10 Graves R., 1990, The Golden Ass, p 34 - 35 - parece que a sua morte foi resultado de bruxaria.
11 Aristóteles sobre as mulheres, www.newfoundations.com/WOMAN/Aristotle/ recuperado em 26 de agosto de 2011.
12 Wender D., 1973, Hesíodo e Theognis, p 62, 70.
13 Medo do desconhecido e daquilo que não se pode controlar.

abertamente por meio de uma arma, enquanto *de veneficis* se refere àqueles que matavam secretamente por meio de veneno ou magia.[14]

Na época de Apuleio, esta lei tinha-se alargado para incluir qualquer utilização de meios ocultos para produzir qualquer ação ou acontecimento malicioso. Por outras palavras, parece que a magia e a feitiçaria eram práticas perigosas e, por vezes, pouco fiáveis, razão pela qual eram praticadas no escuro, geralmente à noite.[15] A certa altura, Apuleio foi acusado de praticar bruxaria e magia e tentou por todos os meios justificar-se perante a justiça.[16] Este facto ficou registado num dos seus tratados sobreviventes, conhecido como *A Apologia* - A Defesa.

De certa forma, isto mostra que a feitiçaria e a magia não estavam apenas associadas às mulheres, mas havia homens que também praticavam feitiçaria e magia. Por exemplo, Pitágoras, o matemático, praticava abertamente filosofia, ciência e magia.[17] Na Roma antiga, a magia era tratada como se fosse ciência e utilizavam muita magia na sua vida quotidiana, apesar de ter sido proibida. Os romanos empregavam a astrologia mágica e usavam amuletos, encantamentos, fórmulas de cura e de maldição.[18] A questão que se coloca agora é: quem é bruxo, mágico ou feiticeiro? Trata-se de alguém que ocupa uma posição de domínio misterioso ou de alguém que se encontra nos escalões inferiores da sociedade? Antes de responder a estas perguntas, é importante fazer um historial do autor e dos textos em questão.

1.4   Ţa obra deLuciuşApuleiuş^Ţhe *Golden Aşş* e *TheApolOgia*

Tanto o *Asno de Ouro* como a *Apologia* são excelentes fontes para a feitiçaria e a magia, pois acredita-se que o autor destas duas grandes obras tenha sido julgado por ser um utilizador de misturas mágicas. Também estava interessado em compreender a evolução destas práticas místicas. Estas duas obras foram escritas por um homem que nasceu em África, foi educado na Grécia e mais tarde cresceu em Roma. Segundo Michael Grant, foram escritas no "estilo atrevido

---

14 A lei das doze tábuas (451 - 450) proíbe qualquer pessoa de atrair as colheitas do seu vizinho para o seu campo através de
magia.
15 Graves R, 1990, Op cit, p 31 - 36 - Para mostrar que a arte da magia e da feitiçaria era perigosa na obra de Apuleio
Os as*nos de ouro* de Larissa tinham de receber uma grande soma de dinheiro para velar um cadáver por noite, para que nenhuma bruxa ou feiticeiro o mutilasse antes do enterro, e um jovem foi desfigurado por bruxas depois de estas o terem confundido com o cadáver que ele velava na noite em que estava de serviço.
16 Mamercus Scaurus foi também acusado de praticar bruxaria - Tácito, Anais, livro 4 In 29.
17 "Pitágoras - Pitágoras, o filósofo grego" em Occultopedia, o Oculto e o Inexplicável
Enciclopédia,www.occultopedia.com/p/pythagoras.htm recuperado em 15 de junho de 2012.
18 Arbel I., "Bruxaria, a aurora da feitiçaria", em Encyclopedia Mythica,
www.pantheon.org/areas/featured/witchcraft/chapter 2.html, consultado em 11 de novembro de 2011.

7

e extravagante dos contadores de histórias profissionais da época".[19] Como tal, Apuleio não representa apenas um novo refinamento na gestão artificial do pensamento e da linguagem, mas o aparecimento à superfície de certas qualidades nativas do latim, há muito suprimidas pela supremacia decisiva da forma estabelecida como clássica durante a República, mas sempre latentes na estrutura e no temperamento da língua. Depois de lermos estes dois romances, apercebemo-nos de que o *Asno de Ouro* é um romance moral, enquanto a *Apologia* é uma defesa. No entanto, ambos os textos centram-se sobretudo em questões relacionadas com a magia e a feitiçaria.

Lucius Apuleius - Nasceu por volta de 125 d.C. numa colónia romana, Madaurus, na Numídia, no Norte de África (atual Mdaourouch, Argélia oriental) e foi educado em Cartago, de onde seguiu depois para a Universidade de Atenas. [20] Luca Graverini atribui a Apuleio "três corações", um grego, um romano e um africano. Cada coração influenciou a forma como escreveu as *Metamorfoses*.[21] Isto deve-se à sua orientação social e académica. Foi um dos melhores escritores do seu tempo e estava muito interessado em viajar. Passou grande parte da sua vida a escrever e a dar conferências. Embora não fosse um orador ou um filósofo, as suas obras incluíam discursos e tratados filosóficos.

Apuleio interessava-se profundamente por questões religiosas. Era adepto da magia e foi iniciado nos mistérios de Ísis. Diz-se que ele próprio realizou milagres que exigiam o domínio da magia e da feitiçaria. Este facto acabou por levá-lo a ser preso e julgado sob a acusação de praticar feitiçaria relacionada com o seu casamento com uma viúva rica, Pudentila, mãe do seu amigo.[22]

As suas obras incluem tratados filosóficos ou místicos como *Sobre o Universo, Sobre o Deus de Sócrates* e *Sobre Platão e a sua Doutrina*. As suas obras mais célebres são o *Asno de Ouro*, também conhecido como *Metamorfoses*, a *Apologia*, a sua defesa contra as acusações que lhe foram feitas [23], e a *Flórida*. A sua principal distinção é como romancista - um escritor de romance em prosa, no qual levou a *novela elocutio* ao ponto mais alto que alcançou.[24] A comunidade cristã passou a considerar Apuleio como uma encarnação do Anti-Cristo enviada para confundir os

---

19 Graves R, 1990, Op. cit., p. xvi.
20 Mackail J. W.,1909, Latin Literature, p 238 - Era um jovem grego de nome romano, de posses e proeminente família
21 Graverini L., Literatura e identidade em O asno de ouro de Apuleio, p. 165.
22 O amigo de Apuleio, Sicinius Pontianus, tinha morrido e os seus sogros acusavam-no de ter assassinado o seu amigo.
amigo usando magia e apaixonando-se pela mãe do seu amigo, Aemilia Pudentilla, também usando magia.
23 Pensa-se que usou magia para matar o seu amigo e que se apaixonou pela sua mãe.
24 Mackail J. W., 1909, Op. cit., p. 239.

adoradores do verdadeiro Deus.[25]

O *Asno de Ouro* de Apuleio continua a ser um dos romances existentes compostos em latim. A investigação efectuada desde meados do século passado até à data sobre a sua dimensão narratalógica tem quase formado uma demarcação provisória que atribui um papel central aos temas da magia, religião, justiça, cultura, sacerdócio e filosofia.[26] Em vários contextos literários e níveis de interpretação académica, estes temas tendem a ser confinados à identidade biográfica de Apuleio como padre provincial, estadista, filósofo platonista e, em última instância, contador de histórias profissional cujo objetivo principal, dentro dos limites territoriais do romance cómico, se transforma de uma investigação do papel da magia demoníaca como prática social, apesar da sua manutenção de um perfil discreto, no momento da sua composição, para a revelação profunda do nível supremo de sabedoria escatológica que envolve o parâmetro místico do culto de Ísis.[27]

The *Golden* /\w[28] - é um romance em que um jovem chamado Lucius viaja para Hypata, uma região da Grécia onde a bruxaria era notoriamente desenfreada. Ele tinha ido lá para se encontrar com um amigo para tratar de assuntos de negócios. Enquanto jovem, Lúcio estava muito curioso para saber tudo o que tinha aprendido com os seus companheiros de viagem a Hypata. A descrição posterior de Lúcio, quando partiu para explorar Hypata, poderia servir para definir a curiosidade intelectual, mas parece que ele queria saber muito sobre a arte da feitiçaria. Envolveu-se com a empregada doméstica do seu anfitrião, Fotis, para que ela o deixasse ver como a mulher do seu anfitrião fazia as suas actuações. Lúcio ignorou os avisos indirectos que lhe foram apresentados, os contos de advertência e a estátua de Actaeon. Respondeu ao aviso explícito de que Pamphile, a mulher do seu anfitrião, era uma bruxa poderosa. Quando Fotis começou a revelar o papel da magia no seu pesadelo no Festival do Riso, a sua curiosidade foi imediatamente despertada.

A curiosidade é assim claramente assinalada como a força que levou Lúcio a explorar a magia e que acabou por fazer com que ele se transformasse num asno, passando assim muito tempo nessa forma. Viajou por muitos sítios e aprendeu muitas coisas até ser salvo pela deusa Ísis. Percebeu que a alma procurava a felicidade e que esta só podia ser alcançada através de vários perigos, sendo a bruxaria um deles; assim, jurou servir a deusa Ísis para encontrar essa felicidade depois

---

25 Ibid, p 242.
26 Gamlath I., 2010, Graus de unidade em níveis de motivação: bruxas desesperadas em O *Asno de Ouro* de Apuleio e
teurgistas em Iamblichus de mysteries, p 196.
27 Ibid.
28 Graves R, 1990, Lucius Apuleius: O Asno de Ouro, Inglaterra, Penguin Books Ltd

de ela o ter salvo.

Tal como o título indica, "*Metamorfoses*" conta todas as transformações por que passam as bruxas quando estão prestes a desempenhar as suas funções "especiais" de controlo do mundo que as rodeia . Este romance consegue mostrar que não são só as mulheres que praticam a bruxaria e a magia, mas também os homens. Lucius era curioso e queria estudar a arte da magia (*ars magica*) e acabou por se transformar num asno.[29]

Por vezes, a bruxaria e a magia podem ser uma prática familiar, pelo que encontramos no *Asno de Ouro* que as irmãs Pântia e Meroe eram ambas bruxas e podiam ter tudo o que desejassem.[30] Para Apuleio, todas as bruxas têm planos para apanhar as suas presas. Os esforços das bruxas são bem sucedidos, quer a sua presa seja a pessoa certa ou não. A utilização da magia e da feitiçaria resulta em problemas; assim, Lúcio transforma-se num asno, Circe transforma os homens de Odisseu em animais, enquanto Calipso perde o amor de Odisseu. Medeia perdeu a sua família.[31]

The *Apologia*[32] - O caso de Lucius Apuleius é apresentado perante o júri e ele é acusado de usar magia para acabar com a vida do seu amigo, Sicinius Pontianus, e de casar com a mãe de Sicinius Pontianus, Aemilia Pudentilla. Desde o início da sua defesa, Apuleio começa por se declarar inocente das acusações que lhe são feitas.

Depois de apresentar o seu caso perante o júri, Lúcio Apuleio defende-se de todas as acusações que lhe são feitas. É acusado de praticar magia, a que chama arte negra, e a sua defesa está bem articulada no seu tratado *Apologia*. Para ele, a curiosidade por coisas como a magia e a feitiçaria é perigosa e é geralmente seguida de um pesado castigo que só pode ser aliviado pela sabedoria que vem através do sofrimento. É acusado de possuir objectos que se suspeita terem sido utilizados, por magia, para obter o amor da mãe do seu amigo e para assassinar o seu enteado.

Para esta investigação, o julgamento é uma plataforma para explicar se a bruxaria é praticada apenas por mulheres. *A Apologia* indica a razão pela qual a magia e a bruxaria são praticadas e o próprio Apuleio tenta explicar a sua posição, começando por explicar as raízes do termo "magia" e defendendo-se depois com o argumento de que não é mágico nem feiticeiro.[33] *A Apologia* também prova que os acusados de bruxaria também tinham a oportunidade de se defenderem,

---

29 Graves R., 1990, <u>Op. cit.</u>, p. 50.
30 Ibid, p 10.
31 A curiosidade sobre o oculto é imprudente e perigosa, e a némesis segue-a sempre.
32 Butler H. E., <u>Lucius Apuleius: A Apologia</u>, Internet Classics Archive
http://classics.mit.edu//Apuleius/apol.html
33 Bulter H. E., <u>The Defense by Apuleius</u> , http://classics.mit.edu//Apuleius/apol.html recuperado em 7 de março 2011.

caso fossem acusados injustamente. Mais importante ainda, a *Apologia* mostra um homem a ser julgado por bruxaria, negando assim a afirmação de que só as mulheres podem ser bruxas.

1.5   Quadro concetual

Estes são alguns dos termos mais importantes que serão utilizados nesta tese:

Bruxaria - É a arte ou o poder de exercer um poder mágico ou preternatural ou o ato ou a prática de o tentar fazer. A bruxaria significa um poder maléfico inato em certas pessoas que pode misteriosamente prejudicar os outros, e na antiguidade não se distinguia da magia. A principal explicação para mortes inesperadas, doenças e infortúnios era a bruxaria e a feitiçaria.[34] Estes são alguns dos termos latinos usados para a palavra bruxaria: *ars magica, ars maga, magica disciplina, magia, magicum.*[35] Nas obras de Santo Agostinho, os termos habituais para a bruxaria são *magica, artes magicae* ou simplesmente *ars.*[36] A bruxaria era contrária à religião estabelecida e, mais tarde, começou a ser identificada com as obras do demónio.

Magia - A arte que, através de feitiços, supostamente invoca poderes sobrenaturais para influenciar acontecimentos, por vezes conhecida como feitiçaria. É qualquer tentativa de controlar o ambiente do eu através de meios que não são testados ou não são testáveis, tais como encantos e feitiços. A prática era conhecida como *mageia* e *magos* em grego e *magia* e *magus* em latim.[37] Desde os primeiros séculos, por volta do século VIII a.C., a feitiçaria nunca foi considerada como algo de especial e radicalmente diferente da religião e da medicina, mas com o passar do tempo, especialmente durante o século I d.C., passou a ser utilizada para outros fins, pelo que as autoridades romanas aboliram a arte da magia, e todas as sociedades contrastaram então a religião e a magia[38] , a religião produzindo milagres enquanto a magia produzia obras do demónio. Jean Botlero, historiador francês, define a magia como "... um sistema de factos sociais, baseado na crença da eficácia imediata de um certo número de atitudes, procedimentos e elementos, que era geralmente utilizado para criar efeitos benéficos, mas cuja relação com a sua causa era, do nosso

---

34 Lagerwerf L., 1987, Witchcraft, Sorcery and Spirit Possession: Pastoral Response in Africa, p 5.
35 Este facto mostra que o termo "bruxaria" era encarado de forma diferente por muitas sociedades do mundo antigo e que foi aprendido com outros. Pensa-se que os romanos tomaram emprestada esta arte aos etruscos. Tinham herdado uma forte marca de feitiçaria dos antigos habitantes de Itália.
36 Keeman M. E., julho de 1940 , "The terminology of witchcraft in the works of Augustine" in Classical Philology, vol. 35 número 3, pg 294-295 - Santo Agostinho não distingue muito os termos e sustenta que *as artes mágicas* são *artes impiae, artes vanae et malae* e que a bruxaria, tanto na sua origem como no seu sucesso, é obra dos demónios e que todas essas práticas devem ser consideradas *artes demoníacas* e *ritus falsae demonum*.
37 Burris E. E., abril de 1936, ' The Terminology Of Witchcraft' in Classical Philology, vol. 32 no.2, p 138.
38 A magia difere da religião tal como as ervas daninhas diferem das flores - Robert Potter.

ponto de vista, perfeitamente irracional".[39]

Bruxa - Pessoa, geralmente do sexo feminino, que pratica ou professa praticar magia ou feitiçaria, especialmente a arte negra, ou que se acredita ter relações com o demónio. De acordo com Chavhunduka, a bruxa é definida na antropologia social como uma pessoa na qual habita uma maldade distinta e inerente, através da qual prejudica os seus semelhantes de formas misteriosamente secretas.[40] Os primeiros substantivos latinos para o termo bruxa eram *praestigiatrix* - profetisa, e *praecantrix* - vidente.

Os escritores latinos referem-se a elas como *sagae* ou *sagae mulieres*.[41] As bruxas trabalham de noite e por isso são chamadas *nocturnae*. Algumas bruxas têm a capacidade de mudar de forma e são chamadas *strigae;* Apuleius e Pamphille, a mulher de Milo, enquadram-se nesta categoria, e as que se transformam em animais, especialmente lobos, são conhecidas como *versipelles*.[42] Por vezes, acredita-se que uma bruxa não pode deixar de o ser e, por vezes, pode nem sequer saber que o é. As bruxas estão associadas a actividades como a preparação de misturas, voar numa vassoura, serem acompanhadas por animais e, na visão moderna, andarem nuas à noite.

Lamiae - Na mitologia clássica, Lamia era filha de Poseidon, mãe da Sibila da Líbia. Era um monstro que roubava as crianças e era um terror para as enfermeiras. Os espíritos femininos que se agarravam às crianças para lhes sugar o sangue eram também chamados Lamiae. D. W. Leinweber utiliza esta palavra indistintamente da palavra bruxa. Acredita-se que significam a mesma coisa, pois os atributos de Lamia são os mesmos de uma bruxa, portanto, nesta pesquisa, em um ponto, uma bruxa é uma lamia.[43] As lâmias usavam a feitiçaria para assumir uma beleza sedutora que atraía jovens susceptíveis para o seu poder, o mesmo acontecendo com Pamphile, que seduzia os jovens para que a amassem com os seus feitiços noturnos.[44] O termo "Lâmia" passou a designar qualquer bruxa ou demónio com propensões semelhantes e, a partir daí, foi reconhecido como o precursor dos vampiros modernos.

Feiticeiro - Homem bruxo, ou homem que pratica ou professa praticar magia ou feitiçaria. O substantivo latino para um feiticeiro é regularmente *praestigiator*. Mas geralmente um feiticeiro

---

39 Jean Claus di Basio, Ars Arcana: Magic in the Roman World, http://what é witchcraft.blogspot.com, consultado em 20 de janeiro de 2012.
40 G. L. Chavhunduka, 1980, Op. cit., p. 132.
41 Burris E. E.,abril1936, Op cit, p138
42 Ibid, p 139.
43 Leinweber D. W.,1994,Bruxaria   e Lamiae no Asno de Ouro, p 77.
44 Ibid.

era chamado *magus, sagus, maleficus, veneficus* ou *vates*.[45] Para um romano, um *magus* era o equivalente masculino da bruxa. Apuleio apresenta uma outra definição de *magus* como aquele que adquire o poder de realizar tudo o que deseja, falando com os deuses através de encantamentos, (*Apol.* 26). Este *mago* interessa-se também vivamente pelo funcionamento da providência e adora excessivamente os deuses (*Apol.* 27). O mago é, por vezes, conhecido ou referido como mágico, e o mágico é um observador atento do mundo natural que o rodeia, cujo sentido de causa e efeito foi deformado pela sua tendência mística ou pela sua ignorância do verdadeiro método científico. O facto de nos ser apresentado um nome e uma definição para um homem que pratica feitiçaria mostra que os actos de magia e feitiçaria não estavam limitados a um determinado género, mas que tanto homens como mulheres os praticavam.

Feitiçaria - A feitiçaria é feita quando se fazem oferendas a espíritos úteis ou se usam amuletos. Encontra-se em quase todas as sociedades tradicionais. Estas práticas diferem da religião, em que os deuses são adorados com admiração ou implorados através da oração para ajudar, e das artes sofisticadas dos alquimistas e dos mágicos cerimoniais. A feitiçaria tem como objetivo forçar resultados em vez de os alcançar através de súplicas, e é realizada por meios simples e vulgares.[46] As correntes religiosas não distinguem magia e feitiçaria, pois acreditam que ambas são o veículo do demónio para fazer com que as pessoas se voltem contra as crenças religiosas.

1.6.1 Objetivo

O objetivo desta investigação é analisar o papel das mulheres na prática da arte da feitiçaria e da magia, e as razões pelas quais as mulheres são maioritariamente acusadas de praticar magia nas sociedades antigas, ou seja, nos mundos romano e grego, com ênfase no romance *O Asno de Ouro* de Lúcio Apuleio.

1.6.2 Objectivos

a)   Mostrar como a sociedade antiga encarava as mulheres em relação à prática da magia e da feitiçaria, e a prática da magia e da feitiçaria no *Asno* de *Ouro* de Apuleio - centrando-se em personagens como Meroe, Lucius, e outros, e verificar se estas práticas eram orientadas apenas para o sexo feminino ou se incluíam uma contrapartida masculina;

b)   Trazer à tona a posição das mulheres no mundo antigo (Grécia e Roma);

c)   Investigar alguns dos casos em que as mulheres são vistas a praticar magia e feitiçaria, tanto

---

45 Burriss E. E., abril de 1936, Op cit, p141.
46 Ellwood R. S., Witchcraft, Enciclopédia Online, http://encarta.m.s.n.com

no mundo antigo romano como no grego.

d)   Investigar alguns dos casos em que aparecem homens a praticar magia e feitiçaria.

1.7   Metodologia e métodos de investigação

A bruxaria e a magia eram fenómenos extraordinários no quotidiano de uma sociedade antiga (e continuam a sê-lo no mundo contemporâneo). Nesta investigação, o foco será a bruxaria, a magia e as mulheres no mundo antigo, com a ajuda de um romance antigo, ou seja, *O Asno de Ouro* de Lúcio Apuleio. Esta investigação utiliza a análise de dados qualitativos como meio para aprovar ou refutar a ideia de que as mulheres são as únicas a praticar magia e feitiçaria, e para verificar se os homens não participam também nestes fenómenos.

As fontes primárias são de extrema importância para esta investigação. A atenção centrar-se-á no *Asno* de *Ouro* de Lúcio Apuleio, que é mais suscetível de crítica literária, bem como no seu tratado *A Apologia,* que é suscetível de interpretação filosófica, em que são criticados os pontos de vista dos filósofos antigos (por exemplo, Platão e Aristóteles). A abordagem fenomenológica ajudará a compreender os pontos de vista de poetas como Homero e Hesíodo, e de escritores religiosos como Santo Agostinho. A investigação também avaliará os pontos de vista de académicos contemporâneos, como Keeman (1940), Ogden (2002), Leinweber (1994), Gamlath (2010), Gibson (1979) e muitos outros, cujos trabalhos se centram no *Asno de Ouro* e na magia e bruxaria.

1.8   Revisão da literatura

1.8.1   Bolsa de estudo antiga

Ao tentar dar um conselho construtivo ao seu irmão Perses, Hesíodo diz-lhe que deve evitar as mulheres, pois elas são obstáculos ao seu progresso. Para Hesíodo, as mulheres são a fonte de todos os males, geram dor e miséria.[47] Conta a história de Pandora, uma história sobre como os problemas de todos os homens surgiram através da mulher.[48] Mas, ao mesmo tempo, mostra como um homem é infeliz sem uma mulher. Ao fazê-lo, *Trabalhos e Dias* traz à superfície os pontos de vista das pessoas (homens) nas sociedades antigas relativamente à posição das mulheres. Quando se lê profundamente esta epopeia, percebe-se como Hesíodo tenta descrever o lado negativo da mulher e como ela é uma ameaça para o universo.

A *Teogonia* de Hesíodo descreve a forma como o mundo surgiu. Traz à superfície o facto de

---

47 Ibid, p 62, 70.
48 Ibid, p 61.

14

todos os líderes do universo - líderes tanto dos homens como dos deuses - serem descritos como homens, por exemplo Cronos, Zeus, Hades; e mostra que as mulheres, as deusas, tinham menos autoridade na governação do universo. As deusas estiveram sempre sob a autoridade dos deuses. Na sua epopeia, Hesíodo conta como os homens receberam sofrimentos dos deuses. Embora tenha sido o esperto Prometeu a instigar a tristeza entre os homens, foi a mulher que acabou por trazer problemas aos homens. Pandora trazia consigo o frasco cheio de todo o tipo de problemas para todos os homens, que deu a Epimeteu; só restava aos homens a esperança.[49] Isto dá-nos uma ideia da posição da mulher no mundo em geral.

Esta visão de inferioridade é bem reconhecida por Aristóteles na *Política*. Para Aristóteles, a mulher está sempre sob a autoridade do homem. Chama-lhe subordinada, homem deformado, homem inacabado; nomes que colocam a mulher numa posição que a torna inferior ao seu homólogo masculino. Para Aristóteles, a mulher é fraca física e mentalmente, pelo que permite passivamente que o homem a domine.[50] Como resultado de tais pontos de vista, ilustrados por Aristóteles, parece que as mulheres procuraram outros meios para elevar o seu espírito e dominar os seus homólogos masculinos noutras áreas da vida. Isto, por si só, expõe-nas à arte da feitiçaria e não se pode negar que as mulheres do mundo antigo tinham curiosidade pela prática da feitiçaria e da magia como forma de controlar tudo o que as rodeava.

Na *República*, Platão não é da mesma opinião. Ele não vê a mulher como um objeto inferior. Pelo contrário, apresenta uma posição possível para a mulher na sociedade. Para Platão, tanto as mulheres como os homens devem receber a mesma formação na vida.[51] Podemos inferir das afirmações de Platão, por exemplo, que se um homem e uma mulher podem receber a mesma formação, isso significa que um homem também pode receber formação e participar na prática da magia e da feitiçaria, uma vez que estes fenómenos também podem ser ensinados. Nas *Leis*, o ponto de vista de Platão é claro quando ele atesta a crença no poder da bruxa ou do mago;[52] assim, tanto homens como mulheres podem praticar bruxaria e magia, pois, segundo Platão, ambos podem receber a mesma educação física e intelectual.

A única diferença que Platão apresenta como existindo entre homens e mulheres, e que pode ser considerada relevante para a definição de uma posição para a mulher na sociedade, é que a mulher

49 Ibid, p. 39 - 40.
50 A relação do homem com a mulher é, por natureza, uma relação de superior-inferior, de governado para governado.
51 Lee H. D. P., 1960, Platão - A República, p 204 - 205.
52 Levack B. P., 1992, Witchcraft in the Ancient World and the Middle Ages, p 99.

gera e o homem gera;[53] mas no que diz respeito às actividades sociais, tanto os homens como as mulheres partilham deveres e desempenham as mesmas funções, produzindo os melhores resultados na sociedade. Concluindo, pode-se argumentar que tanto os homens como as mulheres são capazes de praticar feitiçaria e magia.

Embora isto possa ser verdade para Platão, não é o mesmo para Aristóteles e outros. O argumento de Aristóteles remonta à responsabilidade reprodutiva e defende que, durante a reprodução, a mulher é passiva e é a recetora, pelo que deve permitir passivamente que o homem a domine na gestão diária das actividades.[54] Para Aristóteles, as mulheres têm o seu próprio papel no lar, que é o de preservar o que o homem adquire, e a relação da mulher com o marido é a de ser inferior e dominada. Este ponto de vista permite, então, aceitar a opinião de que a mulher recorria a outras práticas na sociedade, como a adesão a cultos, para se libertar da escravidão matrimonial e para controlar o seu agregado familiar, se tivesse oportunidade.

No seu *De Divinatione*, Cícero começa por definir o termo "adivinhação" como um método através do qual as pessoas ficam a conhecer o futuro:

Vetus opinio est iam usque ab heroicis ducta temporibus, eaque et populi Romani et omnium gentium firmata consensu, versari quandam inter homines divinationem, quam Graeci mantiken appellant, id est praesensionem et scientiam rerum futurarum.[55]

"Existe uma crença antiga, transmitida até nós desde os tempos míticos e firmemente estabelecida pelo consenso geral do povo romano e de todas as nações, de que existe uma espécie de adivinhação entre os homens; os gregos chamam-lhe mantike - isto é, a previsão e o conhecimento de acontecimentos futuros."[56]

Continua a explicar este fenómeno dando exemplos de pessoas que praticam esta arte e as razões pelas quais a praticam e, ao fazê-lo, classifica a *ars magica* como parte deste fenómeno.[57] No final, como filósofo, embora nunca queira emitir um juízo de valor sobre todos os seus temas, dá a entender que não acredita nesta arte e que a considera uma superstição e não uma parte da religião, e não reconhece os praticantes desta arte como adivinhos.

Não só Apuleio se interessa por histórias sobre a transformação de pessoas em animais e objectos,

---

53 Ibid, p 209.
54 Fouts S., 2007, Aristotelian views of women, www.associatedcontent.com
55 Marcus Tullius Cicero, 1923, On divination (de Divinatione), recriado por Bill Thayer, Loeb Classical Library, http ://penelope.uchicago. edu/Thayer/E/Roman/T exts/Cicero/de Divinatione/
56 Ibid.
57 Ibid.

mas também Ovídio escreveu uma extensa obra que relata diferentes transformações nos tempos antigos. *As Metamorfoses* de Ovídio são uma epopeia fictícia que relata extensos contos da Grécia e da

Mitos romanos. O título desta obra, *Metamorfoses*, significa transformação de uma forma para outra. O poeta fala de homens e mulheres que se transformam em animais, árvores, pedras, estrelas e muitas outras coisas semelhantes ao *Asno* de *Ouro* de Lúcio Apuleio, em que a personagem principal foi transformada num asno devido a uma poção mágica que tinha tomado.[58] Uma compreensão mais profunda destes contos mostra que estas transformações não são meros acontecimentos; pelo contrário, algumas são o resultado de algumas acções mágicas ou de feitiçaria.

Uma visão clara destes contos traz à luz as razões pelas quais estes truques mágicos eram praticados e é evidente que eram praticados em benefício do protagonista que transformava a sua presa.[59] É também evidente que estes actos não eram praticados apenas no mau sentido, mas por vezes por boas razões.[60] Apresentar esta imagem aos outros é difícil, porque há quem considere que tudo o que é feito com recurso à magia não é bom. Santo Agostinho de Hipona (354 - 430 d.C.) era contra a ideia de que existia magia boa, que por vezes Apuleio quereria considerar como magia branca.[61]

Pecador desde a infância, Santo Agostinho aprendeu muito sobre o mal e, nas *Confissões,* explica as razões que levam alguém a cometer tais actos. Após a sua conversão, Santo Agostinho considera a prática da magia como um mal e, tendo sido membro dos maniqueus, soube distinguir entre o bem e o mal. Por isso, é de opinião que o mal é simplesmente a ausência do bem.

Para Santo Agostinho, parece que a prática da feitiçaria e da magia é má, e estas práticas são sempre males causados pelo uso indevido do poder de escolha que reside no ser humano individual; assim, como resultado, estas práticas prejudicam os outros.[62] Santo Agostinho considera a feitiçaria e a magia como um mal moral que é da responsabilidade do homem e não um resultado da atividade criadora de Deus, que só pode sobreviver no mundo das trevas. Com base nas *Confissões,* é evidente que a prática da magia e da feitiçaria é o resultado do mau uso que o Homem faz do livre arbítrio que Deus lhe deu para o utilizar de forma sábia e correta.

---

58 Graves R., 1990, Op. cit., p. 48 - 51.
59 Innes M.M., 1955, Ovídio: Metamorfoses, p 62 -63, p 100 - 101, p 321 - 322.
60 Ibid, p. 155 - 178, p. 255.
61 Butler H. E., Op cit, http://classics.mit.edu//Apuleius/apol.html
62 Ibid, p 72 - 73, 172 - 175.

1.8.2 Académico contemporâneo

No seu artigo "The Role of Women and Magic in the Golden Ass by Apuleius" (O papel das mulheres e da magia no Asno de Ouro de Apuleio), Nicole Smith explica quem pratica a arte da magia e da feitiçaria e como, tendo como referência o *Asno de Ouro*. Para ela, parece que é a mulher que está mais envolvida na prática da magia e da feitiçaria, e estas mulheres parecem atacar maioritariamente os seus homólogos masculinos.[63] Para ela, a razão pela qual as mulheres escolhem esta profissão prende-se com o facto de serem vistas como objectos inferiores ao homem, tentando assim outras actividades onde a sua supremacia se faça sentir.[64]

Cary e Haarhoff afirmam que, tanto na sociedade grega como na romana, a mulher estava sob a autoridade do homem e tinha de seguir as ordens do marido. [65] Se não fosse casada, estava sob a autoridade do pai ou de uma figura masculina da família. As mulheres romanas e espartanas pareciam gozar de uma grande liberdade, ao contrário das mulheres de outras sociedades.[66] Noutras sociedades, as mulheres encontravam na religião e noutros festivais uma forma de alcançar a sua liberdade, o que incluía a prática da magia e da feitiçaria.[67] Stambough explica como as mulheres eram vistas a três níveis, como filhas, esposas e mães, e explica a sua influência em diferentes domínios da vida.[68] No mundo romano, as mulheres gozavam de maior prestígio do que as suas congéneres gregas, mas ambas as partes não tinham qualquer autoridade sobre a situação da cidade. Este texto ajudará a explicar os papéis dos géneros em relação à prática da feitiçaria nas sociedades antigas.

Walter B. Gibson explica como a sociedade antiga encarava a bruxaria e, ao fazê-lo, dá muitos exemplos de mulheres e homens envolvidos na prática desta profissão e explica por que razão escolheram esta profissão em vez de outras "melhores". Gibson dá como exemplo várias bruxas, como Pamphile, Meroe, Fotis, Medea, Lamia, e como elas exerciam as suas profissões. Apresenta uma das receitas que Medeia utilizava para rejuvenescer a juventude e a beleza.[69] Explica a

---

63 Lúcio era incapaz de controlar o seu apetite sexual sempre que se aproximava de Fotis, e suspeita-se que Fotis pode ter pertencido a uma "banda de bruxaria", pois sabia todo o tipo de poções e pode ter usado algumas poções de amor para seduzir Lúcio, para que ele não lhe resistisse.
64 Smith N., The Role of Women and Magic in The Golden Ass by Apuleius, www.articlemyriad.com
65 Cary M. e Haarhoff T.   J.,1966, Life And Thought In The Greek And Roman World, p142-146.
66 Ibid.
67 Ibid.
68 Stambough   J. E.,1988,O Antigo romanacidade romana,   p158ff.
69 Gibson W. B., 1979, "Witchcraft Among The Ancient" in Witchcraft; A History Of The Black Art, p 3 - It incluía pele seca de uma cobra de água, geada recolhida ao luar, cabeça e asas de uma coruja, entranhas de um lobo, pedaços de carapaça de tartaruga, cabeça e bico de um corvo antigo, fígado de uma escória viva e misturava todos os ingredientes com um ramo seco de uma oliveira.

origem da palavra *Lâmia*, conseguindo falar de bruxaria de acordo com a forma como Apuleio a apresenta.

McClymont chama a atenção para o facto de certas pessoas, consideradas mágicas ou bruxas no mundo homérico, acabarem por se tornar divinizadas ou semelhantes a deuses.[70] Dá os exemplos de Calipso, Circe e Éolo. A questão que se coloca agora é a seguinte: isto aplica-se a todas as bruxas ou McClymont preocupa-se apenas com personagens como Circe e Calipso, por serem consideradas bruxas e deusas? Aaron J. Atsma apresenta uma nova personagem que é muito elogiada por todas as bruxas, feiticeiros, mágicos e feiticeiras.[71] A deusa grega Hekate é considerada a mãe da magia, da feitiçaria, dos fantasmas, da necromancia e da adivinhação. Possuía muitos poderes, era também honrada pelos deuses imortais e era um aspeto de Artemis. Se existe uma deusa considerada a mãe de todas as bruxas, como é que uma bruxa terrena pode ser considerada um deus ou uma deusa, como afirma McClymont, e qual é o fundamento da sua divindade? As respostas a esta questão vão-se revelando à medida que a discussão prossegue.

Eli Edward Burris define e explica os termos "bruxa", "feiticeiro" e "bruxaria", que esclarecem se a magia e a bruxaria são a mesma coisa. No seu artigo 'The Terminology of

Bruxaria", parece não haver diferença entre bruxaria e magia.[72] As sociedades antigas, especialmente os romanos, como ele afirma, tinham muitos significados ou definições para os termos "bruxa" e "feiticeiro", mas os termos que sobreviveram até hoje são *magia*, que significa feitiçaria ou magia, *sagae* ou *sagae mulieres* para bruxa e *magus* para um homem que possui esses poderes sobre todas as coisas, ou seja, um feiticeiro.[73]

Robert S. Ellwood descreve a bruxaria de uma perspetiva sociológica e psicológica e apresenta diferentes definições avançadas por diferentes académicos sobre o significado do termo bruxaria. Apresenta também diferentes pontos de vista de poetas e romancistas gregos e romanos antigos, como Horácio e Apuleio, respetivamente. Para Ellwood, os feitiços e as maldições são contrariados por feiticeiros e bruxos; assim, no *Asno de Ouro*, numa tentativa de determinar a causa da morte de um jovem cidadão de Hypata, foi consultado um adivinho, Zatchlas, o Egípcio.[74] Ellwood afirma que, sociologicamente, a prática da magia e da feitiçaria numa sociedade tem por objetivo reforçar e consolidar as crenças sobre o mundo sobrenatural e as

---

70 McClymont J. D., 2008, "The Character Of Circe In The Odyssey" in Akroterion, Vol. 53, p22.
71 Atsma A. J., 2008, Hekate www.theoi.com/EncycA.html
72 Burris E. E., abril de 1936, Op cit, vol. 32 no.2, p 137.
73 Ibid, p. 137, 138, 139-140.
74 Graves R., 1990, Op. cit., p. 34.

relações dos seres humanos com esse mundo. Do ponto de vista psicológico, Ellwood considera que a prática da magia e da feitiçaria constitui um meio de estabelecer um sentimento de controlo sobre a natureza, atenuando assim as ansiedades causadas por doenças, estações incertas e catástrofes naturais.[75]

E. E. Evans-Pritchard apresenta em seguida uma visão antropológica da arte da magia e da feitiçaria. Distingue os termos "mágico", "bruxo" e "feiticeiro" e a forma como são utilizados por diferentes académicos.[76] Observa que, de um ponto de vista antropológico, as bruxas diferem dos feiticeiros na medida em que não usam ferramentas físicas ou acções para amaldiçoar. O seu *maleficio* é entendido como proveniente de uma qualidade interior intangível, e a pessoa pode não ter consciência de que é uma bruxa ou pode ter sido convencida da sua própria natureza má pela sugestão de outros.[77] As bruxas são consideradas como conspiradores diabólicos contra a verdadeira religião. O conceito de bruxaria como sendo prejudicial é tratado como uma ideologia cultural, um meio de explicar o infortúnio humano, culpando uma entidade sobrenatural ou uma pessoa desconhecida na comunidade. Evans-Pritchard explica que os poderes de uma bruxa causam danos aos membros de uma comunidade ou aos seus bens.

* As reivindicações de feiticeiros, bruxos e bruxas sobrenaturais podem surgir de tensões sociais. Éva Pócs identifica três variedades de bruxas na crença popular, que são[78]

* A bruxa do bairro ou bruxa social que amaldiçoa um vizinho na sequência de um conflito. As bruxas da vizinhança são o produto de tensões de vizinhança e são encontradas apenas em comunidades de aldeias de servos auto-suficientes, onde os habitantes dependem em grande parte uns dos outros. Estas acusações surgem na sequência da violação de alguma norma social, como a não devolução de um objeto emprestado, e qualquer pessoa que faça parte de uma troca social normal pode ser alvo de suspeita.

* O mágico, feiticeiro ou bruxo é geralmente um curandeiro, feiticeiro, vidente ou parteiro profissional, ou uma pessoa que, através da magia, aumentou a sua fortuna em detrimento de uma família vizinha, mas como resultado de rivalidades entre vizinhos ou comunidades e da ambiguidade entre magia positiva e negativa, esses indivíduos podem ser rotulados de bruxos.

* O sobrenatural ou a noite que é retratada nas narrativas da corte como um demónio que

---

75 Ellwood R. S., Witchcraft, Enciclopédia Online, http://encarta.m.s.n.com
76 Evans-Pritchard E. E., 2010 , "Witchcraft" na Wikipédia, a Enciclopédia Livre,
http ://en.wikipedia. org/wiki/Witchcraft/
77 Ibid.
78 E. Pócs, 1999, p 9-10.

aparece em visões e sonhos. A bruxa sobrenatural, em particular, muitas vezes não tinha nada a ver com conflitos comunitários, mas expressava tensões entre os mundos humano e sobrenatural e o seu trabalho era melhor concluído no escuro, à noite.

1.9 Resumos dos capítulos

a) **Capítulo 2 - Magia e feitiçaria nas sociedades antigas**

Este capítulo analisa a forma como os antigos de Roma, Grécia e Egito encaravam os efeitos da magia e da feitiçaria nas suas vidas. É um facto bem conhecido que a magia era um fenómeno importante nas sociedades antigas, incluindo a grega e a romana.[79] A magia e a feitiçaria eram aceites por "quase todos" os povos antigos como uma força real e os que se lhe opunham não negavam a sua eficácia. Nas sociedades antigas, acreditava-se que a magia e a feitiçaria eram mais antigas e poderosas. Estes fenómenos atraíam as pessoas porque eram práticos e faziam sentido para elas, pois tudo tinha uma razão, muitas vezes oculta para o cidadão comum, mas que podia ser revelada aos conhecedores: mágicos, feiticeiros e bruxos.

b) **Capítulo 3 - Mulheres, magia e feitiçaria**

Há diferentes razões pelas quais uma pessoa pode ser acusada de praticar magia e feitiçaria, e isso é evidenciado por alguns dos objectos que ela pode possuir. Este capítulo destaca os indicadores que mostram que uma pessoa é bruxa, mágica ou feiticeira, as razões pelas quais pratica magia e feitiçaria e como surgiu a magia e a feitiçaria. No mundo grego e romano antigo, as mulheres encontravam outras actividades para se libertarem da escravidão a que estavam sujeitas. Assim que uma donzela atingia a puberdade, seguiam-se o noivado e o casamento , pelo que as raparigas não tinham liberdade de escolha e as mulheres não tinham qualquer influência na tomada de decisões nessa época.[80] A mulher passava a maior parte do tempo em casa e estava sob a autoridade de um homem que seria o chefe da família; como filha era propriedade do pai, como esposa tinha de receber ordens do marido. Serão também trazidos à tona pontos de vista de outros estudiosos, numa tentativa de cumprir o objetivo desta tese, que é o de apresentar as razões pelas quais as mulheres são acusadas de praticar feitiçaria e verificar se elas são as únicas que praticam esta arte ou se os homens também estão envolvidos.

c) **Capítulo 4 - Conclusão**

Neste capítulo, será apresentado um resumo de todo o projeto, destacando alguns dos factos já

---

79 Ruiz-Montero C., 2007, "Magic in the Ancient Novel" In Paschalis M. et al (eds.), The Greek and The Leituras Paralelas do Romance Romano, p 38
80 Ver páginas 36 - 41

discutidos em toda a investigação sobre mulheres, magia e feitiçaria no mundo antigo da Grécia e de Roma.

Capítulo 2: Magia e feitiçaria nas sociedades antigas

2.1 Introdução

Em grande medida, as bruxas são muitas vezes retratadas como sendo ilimitadas no desempenho dos seus ritos mágicos. As bruxas antigas tinham a sua forma de enganar as pessoas, levando-as a beber aquilo que diziam ser algo agradável, por exemplo, a poção do amor. As mulheres dotadas de capacidades sobrenaturais podem ser encontradas em todas as culturas antigas, servindo frequentemente um propósito positivo e um negativo na vida quotidiana e na busca do conhecimento. As mulheres feiticeiras ou bruxas são muito mais proeminentes do que os seus homólogos masculinos no mundo clássico, mas será que isso significa que, na realidade, as mulheres estavam mais inclinadas do que os homens a recorrer à feitiçaria? As respostas a esta pergunta são dadas após uma análise aprofundada destes fenómenos praticados nas sociedades antigas.

2.2 Roma

A bruxaria era muito popular entre os romanos,[81] e grande parte da bruxaria ocidental moderna deriva desse período. Os romanos herdaram uma forte marca de bruxaria dos etruscos que habitaram a Itália antes deles. Alguns actos de bruxaria surgiram com a conquista de outras nações.[82] À medida que o império se expandia, os romanos sobrepunham as suas tradições a outras terras, o que levou à disseminação de actos de bruxaria.

Na Roma antiga, uma certa dose de magia era abertamente reconhecida na religião do Estado e o sucesso de Roma como potência imperial era atribuído a esta combinação. Nessa época, a religião e a magia estavam intimamente ligadas e, nalguns locais, entrelaçadas. No entanto, como esta religião era financiada pelo Estado, pertencia e era organizada pelo Estado. Por esta razão, a religião era a lei e vice-versa. Qualquer nova religião, culto ou grupo que alegasse possuir poderes mágicos ameaçava a religião do Estado e, por conseguinte, a autoridade absoluta da classe patrícia sobre a cidade.[83] Roma era governada pela classe alta e abastada, que tinha passado muitas gerações a garantir que assim seria sempre. Isto mostra que toda a gestão quotidiana do Estado estava nas mãos da classe abastada. Assim, o aparecimento da bruxaria como uma nova religião

---

81 Os romanos louvavam uma bruxa lendária que guiou Eneias até Averno. Chamavam-lhe Sibila, e os oráculos do templo de Júpiter, que eram consultados em tempos de emergência nacional, receberam o seu nome e são conhecidos como os livros sibilinos.
82 Gibson W., 1973, "Witchcraft among the Ancient" in Witchcraft: a History of the Black Art, p 2.
83 Beresford CJ., 2009, Roman Witches: Ancient Witchcraft and the Religious Power of Magic in Rome [Bruxaria antiga e o poder religioso da magia em Roma],
www.suite101.com/content/roman witches-a131156, consultado em 26 de fevereiro de 2011.

em Roma constituía uma ameaça para todos os cidadãos ricos, especialmente para os homens, porque o seu dedo apontava para a mulher como protagonista desta novidade na sociedade.

Uma mulher numa posição de domínio era já uma ameaça para os homens romanos, pelo que a ideia de que fosse possível uma mulher derrotar um homem fisicamente ou através da utilização de poderes místicos os aterrorizava. Embora existissem feiticeiros, as mulheres com ideias acima da sua posição eram vistas como uma ameaça.

Na mente destes homens romanos, a maior ameaça vinha dos membros oprimidos e já ressentidos da sociedade: escravos, libertos, mulheres comuns e mulheres com grande espírito e domínio. Estes grupos sociais sabiam que a violência não funcionaria contra uma potência militar como Roma e, por isso, um sentido de auto-preservação do grupo desencorajava uma revolta tradicional. Revoltar-se através da religião, especialmente da magia, era uma forma mais subtil e, no início, mais segura de o fazer.[84] Era um caminho seguro porque era privado e realista para eles. Revoltar-se contra o mestre equivalia à morte; assim, a melhor maneira de abrir caminho para uma vida melhor era fazê-lo em privado, através do uso da magia, de misturas e de outros meios.

Isto mostra que a prática da magia e da feitiçaria não se restringia apenas às mulheres, mas ocorria entre os ricos e os pobres, tanto homens como mulheres. Mesmo as pessoas ricas queriam continuar a governar e a controlar os assuntos do Estado, enquanto os pobres queriam libertar-se da escravatura e, por isso, recorriam à magia e à feitiçaria.

Para além de inventar venenos maléficos, acreditava-se que as bruxas eram capazes de invocar os mortos, influenciar os elementos, o clima e até mover as estrelas e a lua através de encantamentos.[85] Acreditava-se que algumas bruxas possuíam a capacidade de mudar de forma, mais comummente para uma coruja.[86] As imagens estereotipadas deste género, incentivadas pelos homens romanos, levavam as bruxas a serem apedrejadas até à morte por multidões nas ruas, depois de terem sido acusadas de utilizar, por exemplo, o tutano dos ossos das crianças para fazer poções.[87] Os romanos torturavam as bruxas, numa tentativa desesperada de controlar a religião,

84 Historum-History Forums, Bruxaria no Mundo Antigo, http://www.historum.com/ancient history/27018-witchcraft-ancient-world.html, consultado em 18 de março de 2012.
85 Beresford C.J., 2009, Op cit, www.suite101.com/content/roman witches-a131156, recuperado em 26 fevereiro de 2011.
86 Pamphile transformava-se muitas vezes em coruja e fazia voos noturnos para se encontrar com outros membros da
como ela.
87 Historum-History Forums, Op. cit., http://www.historum.com/ancient history/27018-witchcraft-ancient-world.html, consultado em 18 de março de 2012

as mulheres e o Estado.

Os romanos começaram a torturar as bruxas muito antes de os cristãos o fazerem. Enquanto tentavam exterminar as bruxas e os profetas, os governantes romanos viram a oportunidade de lidar com outras religiões indesejadas, como o culto de Baco e Ísis, e por isso afirmaram que a magia e as novas religiões eram uma e a mesma coisa, e que ambas deviam ser travadas. Desta forma, as religiões populares foram, na sua maioria, suprimidas com sucesso pela elite.

As parteiras, as mulheres sábias, as médicas, as ervanárias e as abortistas eram todas vistas como bruxas e o seu trabalho era considerado suspeito. Eram vistas como as malvadas que usavam a magia para matar os nascituros; no entanto, o facto de um homem ordenar a morte de uma criança era considerado aceitável.[88] A partir desta descrição, estas mulheres eram vistas mais como *lâmias* e, quando se suspeitava que eram deste tipo de pessoas, a morte era inevitável.

Os que ocupavam as classes mais baixas tinham uma mente consideravelmente mais aberta e muitos, especialmente as mulheres, recorriam a bruxos de rua e adivinhos para obterem poções de cura e de amor. Estes bruxos e os seus clientes eram rejeitados sobretudo pelos homens que escreviam sobre eles. Este tipo de magia suave, como a cura ou a sedução de colheitas, era desaprovada pelo Estado e, consequentemente, praticada com bastante frequência em privado. As poções do amor eram muito populares e as esposas ciumentas e as mulheres solitárias consultavam frequentemente as bruxas em busca de soluções, pelo que a bruxaria estava mais associada ao sexo feminino.

2.3 Grécia

O grego antigo tem vários termos que denotam magia e mágico. Estes termos incluem μαγηα, γοετηα, αγύρτης. Acredita-se que *Μαγηα* é um termo não grego cuja origem é contestada e que faz parte de uma língua religiosa dos persas em que o μαγος é o sacerdote ou um especialista religioso.[89] Os termos habituais para bruxa em grego são φαρμακις e φαρμακευτρια, ambos baseados em φαρμακα, as drogas ou feitiços que constituíam o stock de comércio da bruxa.[90] Na mundividência homérica, um mágico ou uma bruxa não é um inimigo do divino, pelo contrário, é mais apropriado dizer que o mágico ou a bruxa homérica, pela sua arte, se tornou um ser humano

---

88 Wikipedia, a enciclopédia livre, Bruxaria, http://en.wikipedia.org/wiki/Witchcraft, recuperado em 17 de julho 2011
89 Graf F., 1995, "Excluding the Charming the Development of the Greek Concept of Magic" in Meyer M. e Mirecki P. (eds.), Ancient Magic and Ritual Power, p 30.
90 Ogden D., 2002, Magic Witchcraft And Ghosts In The Greek And Roman Worlds, p 98.

25

divino ou semelhante a um deus.[91] Enquanto para os romanos a magia e a feitiçaria eram ameaças, para os gregos faziam parte da sua religião.

Na religião grega, Hécate[92] era a deusa da feitiçaria que se escondia na escuridão da lua e tinha fortes qualidades nocturnas. Chegou a ser considerada um aspeto de Artemis. Hécate foi a descobridora das drogas herbáceas, e esta é consequentemente a especialização de Medeia e Circe. Está associada à magia, à feitiçaria, à morte, à noite, à lua, aos fantasmas e à necromancia, e estava ligada ao culto de outras divindades místicas. Hécate era considerada como um ser especial que, à noite, enviava do mundo inferior todo o tipo de demónios e fantasmas terríveis, que ensinavam feitiçaria e bruxaria. Acredita-se que estes habitavam em locais onde duas estradas se cruzavam,[93] em túmulos e perto do sangue de pessoas assassinadas.[94] Também ela vagueava com a alma dos mortos e a sua aproximação era anunciada pelo uivo dos cães.

Acredita-se que era filha de Perseu,[95] , e que superava o pai na falta de coragem. Ela gostava de caçar e, quando a sua sorte falhava, voltava o seu arco para os homens em vez de para os animais. Era uma grande criadora de misturas de drogas mortais ($\varphi\alpha\rho\mu\alpha\kappa\alpha$) e descobriu o chamado *acónito*. Testou os poderes de cada droga misturando-a na comida dada a estranhos.[96] Primeiro, destruiu o seu pai com uma droga, assumindo assim o seu trono, pelo que adquiriu um nome de crueldade. Desta forma, desenvolveu uma grande experiência.

Circe também se dedicou a compreender as drogas de todos os tipos, e descobriu todos os tipos de qualidades e poderes inacreditáveis de raízes. Hécate ensinou-lhe muita coisa, mas ela descobriu muito mais com as suas próprias pesquisas. Foi dada em casamento ao rei dos sármatas, a quem alguns chamam citas. Primeiro, matou o marido com drogas e, depois disso, sucedendo ao trono dele, exerceu uma violência muito cruel sobre os seus súbditos. Por essa razão, foi expulsa da cidade e fugiu para o Oceano. Ocupou uma ilha deserta no Oceano com algumas mulheres que tinham fugido com ela.

---

91 McClymont J. D., 2008, Op. cit., p. 22.
92 Hécate não é aqui a poderosa e benigna divindade pessoal descrita por Hesíodo na Teogonia, mas de literatura posterior.
93 Atsma A. J., 2008, Op cit, http://www.theoi.com/EncycA.html. - Esta poderá ter sido a razão pela qual Hécate foi representada numa forma tripla, sob a forma de uma encruzilhada, com três cabeças:
1. Cavalo,
2. Cão,
3. Leão,
pelo facto de ela ser uma criatura nocturna.
94 Ibid.
95 Innes M.M., 1955, Op. cit., p. 157.
96 Atsma A. J., 2008, Op cit, http://www.theoi.com/EncycA.html.

Muito sobre Circe é conhecido através da literatura, especialmente na *Odisseia* de Homero. Odisseu desembarcou na sua ilha durante a sua longa viagem de regresso a casa após a Guerra de Troia. Foi aqui que encontrou a mulher sedutora que tinha transformado vários dos seus tripulantes em animais. As passagens estão repletas de magia e de aspectos de feitiçaria. Circe é retratada como uma utilizadora de poções e lança feitiços. Segundo McClymont, "...os poderes de um mágico e de um deus são ambos naturais e, portanto, semelhantes, pelo que Circe pode ser redimida como uma deusa".[97] É verdade que a feiticeira Circe era uma deusa,[98] mas era também uma especialista em artes mágicas, que se podia tornar invisível, e era uma figura de bruxa bem conhecida na mitologia grega.

Os seus unguentos mágicos retransformaram os tripulantes de Odisseu de animais em homens. Odisseu venceu o seu poder com uma raiz mágica μολυ, que se crê lhe ter sido dada pelo deus Hermes. [99] Embora as passagens não digam exatamente como foi utilizada a raiz, esta tornou inútil a poção de Circe. Nos tempos antigos, uma das plantas que podia vencer qualquer magia ou feitiço era o alho, pelo que esta raiz mágica pode ter sido o alho. O alho é uma das especiarias mais antigas do mundo antigo, muitas vezes associada ao afastamento do mal, talvez devido aos seus poderes curativos. Após a utilização desta planta, o resultado na *Odisseia* foi positivo. Circe fez um juramento de não tentar mais nenhuma arte mágica contra Odisseu. Partilhou os segredos da necromancia, que ajudariam Odisseu nas aventuras seguintes.

Medeia, sobrinha de Circe, é também uma bruxa e sacerdotisa do culto lunar de Hécate. Diz-se que Medeia aprendeu todos os poderes das drogas com a avó e a tia, mas a sua própria inclinação era o oposto da de Circe. Salvava continuamente estranhos de perigos, por vezes implorando e suplicando ao pai a salvação daqueles que estavam condenados à morte, ou então libertava-os ela própria da prisão e providenciava uma passagem segura para os infelizes.[100] O rei Aeetes, estimulado pela sua própria crueldade e, em parte, pela sua mulher, aceitou o costume de matar estranhos. Medeia estava sempre a trabalhar contra o projeto dos pais, e diz-se que o rei Aeetes começou a suspeitar que a filha conspirava contra ele e, por isso, pôs guardas a vigiá-la, mas Medeia escapou-lhes e fugiu para o recinto de Hélios, que ficava junto ao mar.

---

97 McClymont J. D., 2008, Op. cit., p. 21.
98 Tully C., 2002, Op cit, http://www.thecauldron.org.uk/ -Tully concorda com este facto, pois afirma que Circe era originalmente uma deusa antiga de algum tipo e nunca envelhecia, tinha sido despromovida devido às suas travessuras.
99 Historum-History Forums, Bruxaria no mundo antigo, http://www.historum.com/ancient history/27018-bruxaria-mundo-antigo.html.
100 Ogden D., 2002, Opcit, p. 78-9.

As drogas são a base do poder de Medeia e estão na base de todos os seus feitos mágicos, com exceção da destruição de Talos. Entre as várias capacidades que lhe são atribuídas, encontram-se as comuns da bruxaria antiga, nomeadamente a capacidade de controlar os elementos, a paisagem, a lua e as estrelas.[101] A magia de Medeia é feita através de drogas.[102] É com elas que cura; transforma a sua própria aparência e torna-se uma anciã; inflige a loucura e, complementarmente, afasta-a; rejuvenesce Pélias num caldeirão a ferver; cria serpentes fantasmas e um cordeiro fantasma; e usa drogas para queimar o vestido de noiva de Glauce e incendiar o palácio de Creonte. No reino de Jasão, Medeia era vista como exótica e estrangeira, pelo que não conseguiu ser assimilada na sociedade e, mais tarde, Jasão traiu-a, abandonando-a para casar com uma princesa local por razões políticas.

Calipso, outra mulher bela e sobrenatural, que também deteve Odisseu na sua ilha, é um duplo de Circe na *Odisseia*. Há muitos pontos de contacto na representação das duas. A razão da detenção de Odisseu na ilha de Calipso é o facto de ele ter sido vítima de um feitiço erótico, que o obrigava a ter relações sexuais sem alegria com ela, enquanto continuava a amar a sua mulher Penélope. Calipso ofereceu-lhe a imortalidade se ele estivesse disposto a abandonar a sua busca de casa. Com Odisseu foi diferente; a sua missão era regressar a casa, à sua mulher e ao seu filho. Com a ajuda dos deuses, conseguiu escapar à armadilha e aos feitiços de Calipso.

A discussão anterior mostra que, em grande medida, as práticas de magia e feitiçaria eram orientadas para as mulheres. Na Grécia, estes fenómenos estavam sob a liderança de uma divindade feminina, o que, por si só, mostra que as mulheres estavam mais inclinadas para o seu culto, e é de notar que as mulheres consultavam as bruxas, especialmente em tempos de crise.

2.4 Egito

A magia, a feitiçaria e a religião impregnavam todos os aspectos da vida egípcia antiga e, segundo Pinch, estas três áreas estavam tão interligadas que tentar separar os conceitos deixava uma grande lacuna de compreensão.[103] As bruxas do antigo Egito usavam a sua sabedoria e o seu conhecimento de amuletos, feitiços, fórmulas e figuras para fazer com que os poderes cósmicos se adaptassem aos seus objectivos ou aos dos seus clientes. Havia uma associação especial entre a magia e o Egito.[104] Tal como a bruxaria de qualquer outra região, a bruxaria egípcia antiga

---

101 Ibid, p 82 .
102 Innes M.M., 1955, Op. cit., p. 162-163 - Medeia possuía também uma faca, a que Ovídio chama a faca de Tessália
faca, que usou para cortar as gargantas de Aeson, de Pélias e do velho carneiro.
103 Pinch G., 1995, Magic in Ancient Egypt, http://www.rambles.net
104 O grego Luciano, nas Filopseudes (33-6), conta a história de Eucrates, que experimentou o poder da magia

baseava-se na tradição do país, no mito, na lenda, nos rituais, no teatro, na poesia, no canto, na dança, no culto, na magia e na vida em harmonia com a terra. O conhecimento e o poder mágicos emanavam dos deuses e eram concedidos aos seus servos, especialmente aos reis e aos sacerdotes letrados. Os praticantes da feitiçaria egípcia honravam os antigos deuses e deusas egípcios. Acreditava-se que a deusa Ísis era a detentora e executora da magia e era excelente na fala. Esta divindade desempenha um papel importante no enredo do *Asno de Ouro*.

Os egípcios retiravam a sua sabedoria de longas estadias em câmaras subterrâneas ou criptas interiores. Assim, diz-se que Pitágoras adquiriu a sua sabedoria descendo às criptas egípcias e recebendo instruções de caldeus e magos.[105] Esta é a razão pela qual se sugere que Pitágoras era um homem de magia, pois conhecia fórmulas mágicas e amava tanto a ciência como a magia. Pitágoras pode ter praticado magia nos seus dias, respondendo assim em parte à questão de saber se só as mulheres praticavam magia.

Acreditava-se que os egípcios eram muito sábios e que descendiam dos deuses. Foi o Egito que mediu a Terra, domou as ondas do mar, atravessou o rio Nilo, inventou a astronomia e deu ao mundo a força da fala e a descoberta do poder mágico. Diz-se que Nectanebo, o último dos faraós do Egito, dominou todos os povos através do poder mágico. Pela fala, ele podia submeter a si próprio todos os elementos do universo. Se uma nuvem de guerra se abatesse subitamente sobre ele, não se preocupava com o acampamento do exército, com as procissões de armas, com o afiar do aço ou com os motores de guerra, mas retirava-se para o seu palácio, pegava numa taça de bronze, enchia-a com água da chuva, moldava alguns barquinhos e pequenas figuras humanas em cera, colocava-os na taça e recitava um feitiço enquanto agitava uma varinha de ébano. Invocava os anjos e Amon, o deus da Líbia. Era assim que destruía e vencia os inimigos que o atacavam, com este tipo de lecanomancia e afundando os barcos.[106]

No antigo Egito, as parteiras e as enfermeiras também incluíam a magia entre as suas competências, e as mulheres sábias podiam ser consultadas em tempos de crise para saber que fantasma ou divindade estava a causar problemas a uma pessoa. Os praticantes de bruxaria podiam ser homens ou mulheres e não eram condenados por tais práticas, mas os estrangeiros eram acusados de usar magia maligna. Segundo Pinch, pensava-se que as divindades zangadas, os fantasmas ciumentos e os demónios e feiticeiros estrangeiros causavam infortúnios como

---

quando estava no Egito, durante o seu período de educação.
105 Ogden D., 2002, <u>Magic Witchcraft And Ghosts In The Greek And Roman Worlds,</u> p 52.
106 Ibid, p. 55 - 56.

doenças, acidentes, pobreza e infertilidade.[107]

A lua ocupa um lugar importante na bruxaria egípcia, pelo que as bruxas do Egito se reuniam em covens nas luas cheias e em ocasiões festivas para elevarem os seus níveis de energia e se harmonizarem com as forças naturais. As bruxas egípcias faziam magia em reuniões que coincidiam com as fases da lua, partilhando o que acreditavam ser os segredos do universo revelados através da magia. Esta era a altura em que o véu que separa o mundo dos vivos do mundo dos outros era mais fino. Este período permite que os mortos regressem ao mundo dos vivos quando os seus parentes os recebem e festejam.[108]

Geraldine Pinch afirma que as bruxas egípcias consideravam que o dia começava ao pôr do sol e terminava ao pôr do sol do dia seguinte e, com o passar do tempo, a bruxaria egípcia antiga começou a centrar-se na "Roda do Ano", que tinha oito raios que simbolizavam os quatro festivais agrícolas e pastoris e os quatro festivais solares que comemoravam os solstícios e equinócios sazonais. Os padrões repetidos da mudança das estações tinham grande importância na feitiçaria egípcia, pois determinavam os ciclos das colheitas e outros acontecimentos importantes. Foram introduzidos rituais e festivais para celebrar estes ciclos sazonais, sobretudo quando as culturas eram semeadas e colhidas.[109]

As bruxas praticavam magia de cura, proteção, retaliação e canalização de energia para se desenvolverem espiritualmente. Criavam círculos para fazer magia e a principal ferramenta que utilizavam para o fazer era uma faca ritual. A lâmina sagrada ficava carregada com a energia do dono e era usada para definir o espaço, como desenhar um círculo sagrado onde a vontade e a energia do dono actuavam. Uma tigela de água era utilizada para simbolizar o elemento água e as suas propriedades: limpeza, regeneração e emoção. Outros utensílios importantes simbolizavam os elementos terra, ar, fogo e água. Em alternativa, um pequeno prato com sal ou terra podia ser utilizado para simbolizar o elemento terra.

2.5 Conclusão

Esta descrição da bruxaria nas sociedades antigas mostra que a bruxaria não podia ser toda má e, por outro lado, também não podia ser toda boa. Embora a feitiçaria possa ter algumas diferenças regionais e sociais em todo o mundo, uma caraterística comum que atravessa a feitiçaria de todas as sociedades é o facto de ser uma religião baseada na terra. Em geral, a feitiçaria baseia-se na fé

---

107 Pinch G., 2011, Ancient Egyptian Magic, www.bbc.co.uk/history/ancient/egyptians/magic 01.shtml
108   Socyberty,   2009,   Witches   in   Ancient   Egypt   (Bruxas   no   Antigo   Egito), http://relijournal.com/paganism/haUoween-for-witches/
109 Pinch G., 2011, Op cit, www.bbc.co.uk/history/ancient/egyptians/magic 01.shtml

e nas crenças pessoais, na adoração de deuses pagãos e da natureza.

Capítulo 3: Mulheres, magia e feitiçaria[110]

3.1 Introdução

A feitiçaria tem sido associada ao sexo feminino desde há muito tempo,[111] pelo que este capítulo analisará a feitiçaria de uma perspetiva diferente, dando ênfase à razão pela qual as mulheres são acusadas de praticar magia e a feitiçaria será abordada de uma perspetiva religiosa e filosófica. A bruxaria teve origem na própria civilização humana e as suas origens encontram-se nas crenças e religiões tradicionais.[112] Apesar de se presumir que a bruxaria era praticada principalmente por mulheres experientes, como muitos não gostariam de acreditar, os homens também a praticavam. Os termos utilizados no mundo antigo para designar bruxa, feiticeiro e bruxaria eram tanto femininos como masculinos. As bruxas eram mediadoras entre os seres humanos e superpoderes misteriosos, como os espíritos. Quando uma bruxa conseguia resolver o problema aparentemente misterioso de alguém, o desempenho era denominado magia, um processo que não podia ser facilmente explicado através de qualquer análise lógica.

As bruxas acreditavam na existência de espíritos e na igualdade de todos os seres vivos do universo. Reconheciam também o seu estatuto diferente, mas pediam a ajuda dos espíritos. As bruxas consideravam que, embora o mundo espiritual e o mundo físico estivessem ligados, estavam separados, e a única altura em que este véu de separação entre os dois mundos se tornava ténue era durante a noite das bruxas. Rezavam a poderes superiores ou a espíritos para obterem ajuda e orientação na resolução de problemas através da realização de determinados rituais, pelo que todo o processo era designado por bruxaria.[113] Atualmente, a bruxaria está intimamente relacionada com o que geralmente se designa por paganismo, que é basicamente o culto da natureza; por conseguinte, a bruxaria e o paganismo são combatidos pelo cristianismo.

As bruxas tradicionais utilizavam a bruxaria de uma forma muito prática, por exemplo, usavam ervas para curar doenças. Nos tempos antigos, a feitiçaria era conhecida como a "arte dos sábios", pois os sábios eram aqueles que seguiam o caminho da natureza e estavam em sintonia com as suas forças, tinham conhecimentos sobre ervas e medicamentos, davam conselhos sábios e eram

---

110 Estes termos suscitam reacções contrastantes na mente de muitas pessoas e são sobretudo controversos entre
pessoas religiosas.
111 Lagerwerf L., 1987, Op. cit., p. 5.
112 Webster's New World Encyclopedia, 1990, p 1203 - As bruxas e o seu ofício foram criados em resultado do medo do desconhecido e do seu papel imaginário na construção das nossas vidas quotidianas, quer sejam fáceis ou difíceis.
113 http://www.witchcraft.com.au/origin-of-witchcraft.html, consultado em 20 de fevereiro de 2012.

tidos em alta estima como curandeiros e líderes numa sociedade. Compreendiam que a natureza era superior aos seres humanos e que os seres humanos eram simplesmente uma das muitas partes da natureza, tanto visível como invisível, que se combinam para formar um todo.

3.2   A posição das mulheres na Grécia e Roma antigas

Assim, é conveniente que uma mulher permaneça em casa e não saia à rua; mas é vergonhoso para um homem permanecer dentro de casa, em vez de se dedicar a actividades ao ar livre[114] - *Xenofonte*

A maior parte dos testemunhos de actividades relacionadas com as mulheres provém dos homens da época clássica que escreveram sobre elas na literatura. As leis e os códigos mencionam frequentemente as mulheres, mas a maior parte deles são produtos de autores masculinos. Esses mesmos produtos não podiam fornecer os relatos das próprias mulheres sobre as suas experiências, mas dão-nos uma boa imagem das circunstâncias em que as mulheres viviam e do que os homens pensavam e esperavam das mulheres.

No mundo antigo, a família era um Estado em miniatura e mantinha-se unida por um código rígido, sob a autoridade do *paterfamilias* (o homem mais velho da família).[115] Este facto, por si só, mostra que a mulher tinha menos autoridade na tomada de decisões quando se tratava de discussões relativas à gestão da família; em vez disso, recebia ordens do homem responsável pelo lar, como ilustra a citação seguinte:

"Volta para casa e ocupa-te do teu trabalho, do tear e da roca, e diz às tuas criadas que se ocupem das suas tarefas. A guerra será preocupação dos homens, de todos os homens cuja pátria é Ilios, e minha acima de tudo."[116]

As palavras de Heitor a Andrómaca, na Ilíada, mostram que a autoridade cabia ao marido ou ao pai da casa e que o lugar da mulher era em casa. Nas sociedades antigas, a mulher era considerada um ser mais fraco e, por isso, devia estar num determinado lugar a fazer determinadas tarefas.[117] O trabalho e as responsabilidades eram divididos de acordo com o género; por conseguinte, havia o trabalho do homem e o trabalho da mulher.

O homem tinha uma ideia fixa do lugar onde a mulher deveria estar e do que deveria estar a fazer nesse lugar. Desde os primórdios da civilização, as mulheres estavam sob a autoridade patriarcal

114 Blundell S., "Women and the Household in Ancient Greece" in The Other Side Of Western Civilization: Readings In Everyday Life, p 31.
115 Cary M. e Haarhof T. J., 1966, Op. cit., p. 143.
116 Hammond M., Homer: The Iliad, p 140 -141.
117 Taylor D., 1975, Greek And Rome Topic 4:Work In Ancient Greece And Rome, p 13.

dos homens. A sociedade era exclusivamente dominada pelos homens, e as mulheres pertenciam ao lar e ao lar. Embora seja verdade que a autoridade e a responsabilidade na antiguidade eram dos homens, também é um facto que as mulheres tinham grandes responsabilidades. A mulher era suprema em sua casa, pois todas as criadas recebiam ordens dela; só que o marido era sempre o "mestre".

Aristóteles defende vigorosamente que as mulheres e as crianças precisam da supervisão de um adulto porque a sua racionalidade é imperfeita.[118] Na casa, o chefe masculino era o proprietário de tudo. Mulheres, crianças e escravos estavam todos sob a sua *potestas*; assim, ele era considerado o proprietário absoluto - *dominus* - e podia infligir a morte à sua família se valesse a pena. A situação era ainda pior para a mulher, porque estava sempre sob o poder do pai, do irmão ou do marido. Quando uma mulher se casava, tinha de passar para o *manus* do marido; tinha de satisfazer o marido e, se isso não acontecesse, era devolvida à família ou transferida para outro marido e, se não fosse casada, permanecia sob a autoridade do pai.[119] O facto de os homens terem tais poderes significava que as mulheres tinham menos controlo sobre as suas vidas.

Apesar de gozar de menos direitos do que o marido, em Roma a mulher gozava de mais direitos do que a sua congénere grega. Era tratada por *domina* e exercia as suas actividades quotidianas na sala principal da casa, ao passo que na Grécia a mulher exercia as suas actividades na reclusão de apartamentos especiais.[120] Embora esta diferença existisse, ambas continuavam sob a autoridade dos seus maridos. Blundell resume a questão dizendo que uma mulher não podia possuir uma grande propriedade, fazer contratos, iniciar ou conduzir processos judiciais, efetuar grandes transacções ou contrair um casamento por si própria, as mulheres pertenciam sempre à casa de um homem.[121] A linha de pensamento de Blundell permite concluir que a liberdade de escolha das mulheres era limitada; tinham poucos direitos e estavam sempre sob a autoridade dos homens.

A liberdade de circulação variava muitas vezes em função do estatuto económico e, nas famílias mais pobres, a mulher permanecia em casa porque tinha de assegurar o sustento da família. Numa família rica, a mulher tinha de ser acompanhada ao ar livre e os seus movimentos eram controlados. Nas sociedades antigas, as mulheres eram consideradas inferiores aos homens, porque se acreditava que tinham emoções fortes e mentes fracas, sendo pouco mais inteligentes

---

118 Fouts S., 2007, <u>Aristotelian views of women</u>, www.associatedcontent.com
119 Petrie A., 1949, <u>Roman History Literature And Antiquities; An Introduction,</u> p 88.
120 Ibid, p 88.
121 Blundell S., <u>Op. cit.,</u> p. 30.

do que as crianças, e, portanto, incapazes de se governarem a si próprias. Por esse motivo, as mulheres tinham de se deslocar ao ar livre sob a orientação de um homem.

As mulheres recebiam educação nas fases elementares e, em algumas cidades-estado gregas, com exceção de Esparta, a educação das mulheres era limitada e, nos estados em que existia educação para algumas raparigas e mulheres, esta era bloqueada pelos casamentos e, se alguém tentasse continuar a aprender, era desprezada,[122] e considerada inerentemente inferior e fraca. As filhas eram educadas dentro de casa, onde eram treinadas para o trabalho feminino, enquanto os filhos podiam circular livremente no exterior e recebiam uma educação melhor do que a que era dada à filha. Este ponto de vista era adotado em muitas civilizações, onde a criança do sexo feminino não era considerada tão importante como o rapaz.

Nas sociedades antigas, os empregos eram escassos, pelo que muitas mulheres eram sobretudo reconhecidas como filhas, esposas e mães, e não como advogadas, oradoras ou filósofas. Como filhas, nunca receberam nomes pessoais. Os seus pais mantinham-nas bem e, mais tarde, casavam-nas com os seus amigos e potenciais aliados. Os casamentos variavam consoante o tipo de pessoas reunidas no contrato e, geralmente, os casamentos, como já foi dito, eram organizados de acordo com a riqueza e o estatuto, que desempenhavam um papel importante num casamento. As mulheres casavam-se em tenra idade para dar continuidade à linhagem e como forma de manter o estatuto na sociedade. Na Antiguidade, as mulheres eram compradas para serem esposas e, enquanto esposas, não tinham direitos legais, exceto através dos seus maridos ou pais, a cujo poder estavam sujeitas. As mulheres, enquanto mães, eram encarregadas de criar os filhos de forma respeitável.[123]

Como se pode verificar nos parágrafos anteriores, as mulheres só tinham controlo sobre os assuntos domésticos[124] , mas, de acordo com trabalhos de outros estudiosos, este controlo só estava disponível para uma mulher através de uma ordem definida pelo marido. O seu papel era estritamente relegado para o lar, gerindo a casa,[125] e o seu estatuto era o de esposa e mãe e o seu dever era ter e criar os filhos. O lar era a esfera de atividade predominante da mulher.

No plano político, a vida era ainda pior para a mulher, pois ela era insignificante nos domínios político, militar ou civil. O. Murray afirma que a *polis* era essencialmente uma associação

---

122 Cary M. e Haarhof T. J., 1986, Op. cit., p. 146.
123 Stambough J.E., 1988, Op cit, p 98.
124 A mulher é como uma abelha, ela despacha os outros para os seus trabalhos fora de casa, supervisiona os que trabalham dentro de casa, armazena, administra e distribui os bens que são trazidos para dentro de casa.
125 As casas onde não há mulher não são ordenadas nem prósperas.

masculina e que as mulheres não podiam ser membros da assembleia.[126] Este ponto de vista é apoiado por Sue Blundell, que afirma que as mulheres não possuíam direitos políticos, estavam excluídas dos procedimentos da assembleia de cidadãos e não podiam exercer qualquer cargo público.[127] A questão que se coloca é a seguinte: se não lhe era permitido dizer nada sobre as condições da sociedade em que vivia, como é que uma mulher podia exprimir os seus sentimentos em relação ao ambiente político e doméstico a que estava exposta?

Murray informa-nos ainda que existiam organizações femininas igualmente exclusivas, geralmente ligadas a cultos específicos confinados a mulheres, mas que tendiam a ser vistas como meras extensões do mundo masculino.[128] Tendo constatado a impossibilidade de uma mulher dar ordens no seio da família, como poderia então dar ordens a nível político? Murray tem razão quando diz que "...estes cultos confinados às mulheres eram extensões do mundo masculino...", pois as opiniões dos membros destes grupos nunca deviam ser contrárias às decisões das assembleias masculinas, mas tinham de concordar estritamente com o que era estabelecido pelas assembleias. Estas organizações só eram permitidas se estivessem em conformidade com o público, no momento em que fossem contra ou em conflito com as leis públicas, eram consideradas inválidas e rapidamente abolidas. Estes grupos eram constituídos por mulheres de classe alta, instruídas e, por vezes, solteiras.

As mulheres que não podiam aderir a estas organizações encontravam outras vias de vida. A maioria das mulheres não tinha profissões; tendiam a imitar as suas actividades de lazer. Os seus papéis foram mudando continuamente e o seu estatuto de matriarcas foi-se alterando à medida que surgia uma civilização mais avançada. Encontraram um escape noutras áreas de entretenimento na religião e nos festivais, como forma de se libertarem da "escravatura"; assim, algumas aderiram a cultos de magia e feitiçaria.

3.3 Uşe deMagical poţion eWiţchcraftţnApuleiuş'ş *Golden Aş5*

O *Asno de Ouro* é um marco monumental na história da feitiçaria porque Lucius descobriu a magia e a feitiçaria da forma mais difícil. Em *O Asno de Ouro*, Lucius é um homem de negócios que viaja da sua cidade natal para a Tessália, uma região da Grécia conhecida por uma bruxaria generalizada, que se acreditava produzir uma grande quantidade de ervas que eram ingredientes portentosos em qualquer poção mágica. Quando lá chega, depois de ter tomado conhecimento das actividades misteriosas da cidade, quer saber mais sobre a bruxaria. Introduz-se nesta arte por

---

126 Murray O., 1991, Life and Society In Classical Greece, p 244.
127 Blundell S., Op. cit., p. 30.
128 Murray O., Op. cit., p. 244.

curiosidade, que acaba por o transformar num asno.[129] Lúcio narra na primeira pessoa a sua transformação acidental em asno e a sua eventual libertação deste estado pela deusa Ísis, que Leinweber considera uma deusa egípcia / helénica.[130] *O Asno de Ouro* tem um estilo picaresco e contém uma série de narrações envolventes e episódios emocionantes envolvendo bruxas de Tessália.

Na *Apologia*, Apuleio distingue a magia supostamente verdadeira dos equívocos populares a seu respeito. Localiza a origem da verdadeira magia entre os persas e sublinha que, para eles, se trata de uma questão de religião piedosa; assim, a prática da verdadeira magia não deveria, de qualquer modo, constituir crime algum. É útil termos a definição popular e supostamente falsa de magia, nomeadamente, a conversa com os deuses e a realização de milagres através de encantamentos. Em *O Asno de Ouro*, de Apuleio, é evidente que a curiosidade de aprender o que está escondido do homem leva-nos a procurar poções mágicas. Como Lúcio tinha chegado à Tessália, a terra natal da magia e da feitiçaria, tinha interesse em conhecer tudo o que era estranho e fora do comum,[131] e o que aprendera com a história de Aristómenes.[132]

Um dos aspectos mais assustadores do conto de Aristóteles é a astúcia que está na base da crueldade da bruxa. Meroe era dotada dos lugares comuns da bruxaria e, tal como as bawdwitches, tinha tendência para a embriaguez. Segundo D. Taylor, a maior parte das mulheres, sobretudo as ricas, tinham tendência para imitar as suas actividades de lazer e gostavam de festas com bebidas.[133] Os principais ciclos de bruxaria de *O Asno de Ouro* envolvem transformações de animais. Meroe podia transformar homens em castores, rãs, carneiros e tartarugas.[134] Atribui-se-lhe também a realização de magia de ligação através do uso de amuletos. De facto, ela amarra de forma muito precisa; por exemplo, amarrou o útero da mulher de um dos seus amantes depois de esta lhe ter falado mal.[135] Um atributo distintivo dos poderes de Meroe era o leque de domínios em que ela os podia exercer. Em contextos competitivos, utilizava os seus poderes mágicos para resolver conflitos de comércio e de amor. O amor é a sua principal preocupação e ela consegue fazer com que até pessoas de raças distantes se apaixonem por ela. A magia de Meroe é extraordinária e brutal.

---

129 Desde o início do romance, Lúcio já estava disposto a pagar um preço elevado para conhecer os segredos da magia.
130 Leinweber D. W., 1994, Op. cit., p. 77.
131 Graves R., 1990, Op. cit., p. 19-20.
132 Ibid, p. 5-15.
133 Taylor D., 1975, Op. cit., p. 18.
134 Graves R., 1990, Op. cit., p. 9.
135 Ibid.

Sócrates fica arruinado em consequência das suas desventuras, mas é por culpa de Meroe que fica reduzido ao ponto de não ter nada para vestir e, apesar da intervenção de Aristómenes, Sócrates não consegue escapar ao poder destrutivo de Meroe.[136] É certamente vítima de bruxaria e é efetivamente morto na cama por Meroe e Pântia. As suas acções posteriores ao despertar devem, portanto, ser atribuídas a uma reanimação mágica, e o mecanismo que a provoca só pode ser a esponja e o cântico.[137]

Este conto animado mistura o assustador com o hilariante. As bruxas não só podiam transformar os homens em animais, como também se podiam transformar elas próprias em animais, caso quisessem desempenhar as suas funções disfarçadas. Mas o que é curioso é que as bruxas dificultaram a sua vida ao tentarem cortar as partes do rosto de Thelyphron do lado de fora da sala e através de uma fenda na parede, quando podiam ter entrado na sala em forma de animal.[138] Parece que Apuleio as expulsa do quarto nesta altura, para expor o seu erro.

É duvidoso que as bruxas tivessem considerado as partes do corpo do Thelyphron vivo como um substituto aceitável para as do morto. A posse e a manipulação das partes do corpo do Thelyphron vivo não lhes daria controlo sobre nada, pelo que recorreram a devolvê-las ao seu possuidor com a ajuda de cera. A cera era um material apropriado, uma vez que era comummente usada para fazer bonecos que representavam corpos inteiros de carne. As bruxas da antiguidade frequentavam os cemitérios e a principal razão para o fazerem era o facto de quererem obter partes de corpos recém-enterrados para usarem na mistura de bebidas e unguentos. Em *O Asno de Ouro,* as bruxas que queriam mutilar o cadáver do jovem morto em Larissa queriam usar as partes do corpo para as suas poções e é evidente que na Tessália:

". *sagae mulieres ora mortuorum passim demorsitant, eaque sunt illis artis magicae supplementa.* "[139]

"... as bruxas têm o hábito de roer pedaços de carne da cara de homens mortos para usar nas suas misturas mágicas."[140]

Uma vez que se revela que a viúva envenenou o marido e que, de um modo geral, havia uma estreita associação entre bruxaria e envenenamento, pode presumir-se que ela própria é uma bruxa. Não é claro se ela participa na mutilação ou se pode ser identificada com a bruxa que se

---

136 Graverini L., Op. cit., p. 69.
137 Ogden D., 2002, Op cit, p   135.
138 Graves R., 1990, Op cit, p   33.
139 Ibid, p 31.
140 Ibid.

transformou na doninha sonâmbula, uma vez que as bruxas deste conto têm evidentemente o poder da invisibilidade e são capazes de usar esse poder para disfarçar a sua identidade.

Como solução, é-nos apresentado um feiticeiro que esclarece a confusão que reinava no seio da família. [141] A veracidade provável das respostas do fantasma é discutível, mas em geral é aceite que a necromancia tinha o nome da forma mais fiável de profecia. Do ponto de vista grego, os feiticeiros são geralmente retratados como sacerdotes nos seus próprios termos e a aparência de Zatchlas; cabeça calva, sandálias de folha de palmeira e uma roupa de linho branco, é a noção grega típica de um sacerdote egípcio. Os feiticeiros egípcios são inseparáveis dos seus santuários interiores e Zatchlas é invocado nos seus nomes. [142] A presença de elementos sagrados gregos, quando Zatchlas realiza os seus actos, mostra que havia uma ligação entre as crenças gregas e egípcias. É evidente que os actos de magia, bruxaria e feitiçaria são transversais a todos os locais geográficos, e os elementos sagrados de uma zona são quase os mesmos de outra.

Embora Zatchlas apareça como a solução para um problema, *O Asno de Ouro* apresenta também um feiticeiro que constitui um problema para a comunidade. Diófanes, o Caldeu, sem saber dos seus actos, apunhala-se a si próprio e, devido ao embaraço, decide ausentar-se dos seus espectáculos de uma cidade para a outra. [143] Assim, os resultados da pretensão de ser feiticeiro, quando se quer enriquecer, são por vezes negativos.

Noutras passagens do *Asno de Ouro* de Apuleio, o padeiro encontra o amante da mulher em casa, bate-lhe e expulsa-o de casa. A mulher procura agora tornar a sua situação com o marido novamente tolerável e, por isso, visita uma bruxa da sua comunidade. A ação decorre num local sem nome na Tessália, e a bruxa é aparentemente mais uma bruxa da Tessália. [144] Tal como as outras bruxas de Apuleio, Meroe e Pamphile, a esta é explicitamente atribuído o poder da magia de ligação.

Os dois objectivos que a mulher do padeiro procura são a pacificação e a reconciliação do seu marido, ou a sua morte. Em termos mágicos, estes objectivos não são tão distintos como podem parecer à primeira vista. As suas funções são as mesmas, e tais poções de amor eram frequentemente consideradas como funcionando especificamente para acalmar a raiva. A bruxa dá vida a uma mulher morta, e a aparência do seu fantasma é evidentemente a de uma mulher

---

141 Ibid, p 34 - A morte do jovem cidadão não era certa, mas suspeita-se que a esposa o tenha envenenado.
142 ibid, p 34-35 "...pelos templos de Coptos...pelos mistérios de Mênfis e pelo chocalho sagrado de Pharos..."
143 Ibid, p. 26-27.
144 Ibid , p 150 - 151.

viva, de um género que o padeiro toma por tal.[145] No entanto, ela tem a cor amarela e a magreza que se pode associar a um cadáver; o seu rosto está talvez envolto no seu cabelo despenteado para ocultar um rosto mais obviamente semelhante a um cadáver ou a um fantasma. É retratada como estando de luto, quer devido à associação geral entre luto e morte, quer, mais especificamente, porque chora a sua própria morte, prematura e violenta. O ressentimento do fantasma em relação a este facto torna-o inquieto e explorável para fins mágicos. O seu aparecimento súbito e o seu desaparecimento misterioso de um quarto fechado sugerem intangibilidade, mas o facto de poder tocar no padeiro com a mão sugere o contrário.[146] O padeiro sofre uma morte horrível às mãos de uma bruxa sem nome. Após a sua morte violenta, o fantasma do padeiro aparece à sua filha.

A Pamphile são atribuídos alguns dos poderes comuns de uma bruxa de Tessália, como a limitação dos deuses e o controlo dos corpos celestes. Parece dirigir o seu espantoso leque de poderes para o fim habitual dos tessalianos, a conquista do amor. O nome Pamphile, que significa a amante de tudo, corresponde perfeitamente ao carácter da bruxa, dado o seu forte apetite sexual. [147] A sua magia diretamente erótica procura inflamar o jovem Boeotiano com o desejo por ela, através da queima simpática dos seus cabelos.[148] Mais uma vez, os poderes mágicos das bruxas, qualquer que seja a sua natureza, são empregues principalmente ao serviço do amor. Como o barbeiro indica, o roubo de madeixas de cabelo para servir de material na magia de atração erótica é uma ocorrência comum na Tessália. Os seus ritos mágicos são apresentados como semelhantes a mistérios. As palavras de Fótis a Lúcio evocam a imagem de um santuário interior apropriado para tais coisas e, na sua ânsia de ver esses mistérios explicados, Lúcio assemelha-se a Tessalo.

A descrição do laboratório de bruxaria de Pamphile reveste-se de particular interesse. As placas de metal com inscrições ilegíveis são evidentemente placas de maldição com *voces magicae* e formas pervertidas de escrita.[149] Na magia de mudança de forma de Pamphile, uma loção externa é usada para efetuar a transformação em animal, e uma substância ingerida efectua a transformação de volta a humano.

Lúcio aplicou uma loção que o transformou num burro, mas só podia voltar à sua forma humana depois de comer rosas.[150] Isto é o inverso da magia de transformação de Circe.

A aventura de Lúcio é uma história da sua queda provocada por *curiositas*, *serviles voluptates* e

145 Ogden D., 2002, Op cit, p152.
146 Ibid, p153.
147 Frangoulidis S., 2008, Witches, Isis and Narratives: Approaches to Magic in Apuleius' Metamorphoses, p27
148 Graves R., 1990, Op. cit., p. 45 - 47.
149 Ogden D., 2002, Op. cit., p. 144-145.
150 Graves R., 1990, Op. cit., p. 49-50.

Fortuna caeca e esta curiosidade pelo sobrenatural desenvolve-se lentamente através do sofrimento, recebendo a redenção através da deusa Ísis. Tanto a criada Fotis como a prima de Lúcio, Byrrhanea, avisam Lúcio de que Pamphile tem uma queda, muitas vezes mortal, por homens jovens. Com a ajuda de Fótis, Lúcio consegue ver Pamphile a metamorfosear-se em coruja e, devido à sua curiosidade, tenta fazer a mesma experiência, mas usa o unguento errado e transforma-se em asno. O único remédio para voltar à forma humana é comer rosas, que ele só consegue encontrar com a ajuda da deusa Ísis.

Lúcio pensa que Fotis faz parte do grupo de bruxas. O facto de ela estar muito familiarizada com as actividades mágicas da casa e com os unguentos utilizados na transformação coloca-a na categoria dos que praticam a arte da magia e da bruxaria. É possível que, quando Lúcio entrou em contacto com Fótis pela primeira vez, se tenha apaixonado por ela e continuado a interessar-se pela arte da magia, o que acabou por conduzir à sua transformação. Ele próprio diz;[151]

" Sed ut ex animo tibi volens omne delictum, quo me tantis angoribus implicasti, remittam, praesta quod summis votis expostulo et dominam tuam, cum aliquid huius divinae disciplinae

molitur ostende, cum deos invocat, certe cum reformatur, ut videam: sum namque coram magiae noscendae ardentissimus cupitor, quamquam mihi nec ipsa tu videare rerum rudis vel expers".

No último livro, a deusa Ísis destaca-se em relação a outras personagens dotadas de poderes sobrenaturais, como as bruxas Meroe, a sua irmã Pântia, Pânfilo, a sua serva Fótis, e feiticeiros como Caldau e Zatchlas.[152] Ísis é a deusa da maternidade, da magia e da fertilidade. Ísis, ou no original mais provavelmente Aset, era uma deusa das crenças religiosas do Antigo Egito, cujo culto se espalhou pelo mundo greco-romano. Era adorada como a mãe e a esposa ideais, bem como a matrona da natureza e da magia.[153] Era amiga dos escravos, dos pecadores, dos artesãos e dos oprimidos, e ouvia as preces dos ricos, das donzelas, dos aristocratas e dos governantes. As suas origens são incertas, mas acredita-se que tenha vindo do Delta do Nilo.[154] Em todo o mundo greco-romano, Ísis tornou-se uma das mais importantes religiões de mistério, e muitos escritores clássicos referem-se aos seus templos, cultos e ritos.

Na literatura antiga, é um tema recorrente o facto de os homens que encontram bruxas não

---

151 Ibid, p 47.
152 L. Graverini, Ibid, p66.
153 "The Goddess Isis" em Witches of the Craft, http://witchesofthecraft.com/2012/01/12/the-goddess-isis/ , recuperado em 19 de março de 2012.
154 Ibid.

41

regressarem a casa.[155] Como Sócrates esclarece, bastava que Meroe dormisse com ele uma vez para o escravizar, para que nunca mais voltasse a casa. Aristómenes, aterrorizado após o seu encontro com as bruxas, decide nunca mais voltar a casa. Mais tarde, em *O Asno de Ouro*, ficamos a saber que Télfron também foi impedido pela vergonha de regressar a casa depois do seu encontro com as bruxas de Tessália. Os encontros sexuais e mútuos de Lúcio com a bruxa estagiária Fotis fazem-no desistir de pensar em regressar a casa. Este facto não ocorre apenas em *O Asno de Ouro*, mas também na *Odisseia*, onde Odisseu foi ameaçado com um destino semelhante às mãos de Circe, Calipso e das sereias. É evidente que as bruxas permitem que as suas vítimas esqueçam o regresso a casa. Desviam a sua atenção para elas e, sempre que querem pensar nas suas famílias, as bruxas fazem o seu encantamento para manter o seu feitiço mais forte e mais apertado.

De acordo com a teoria freudiana, o fundamento inicial da curiosidade é o interesse pela natureza da sexualidade, o desejo de ver o que é proibido - um ato sexual ou as partes íntimas dos outros.[156] Neste conto de aventuras de Lucius, parece haver uma forte associação entre curiosidade, ansiedade, feitiçaria, bruxaria, magia, mulheres e sexualidade.

3.4   Razões pelas quais as mulheres são acusadas de praticar feitiçaria

A discussão anterior revelou o facto de a prática da magia e da feitiçaria estar ligada ao género. Aponta para a mulher como protagonista, e o género é definitivamente a questão central. Quando se lê *O Asno de Ouro,* é possível concluir que todas as mulheres eram potenciais bruxas. O objetivo desta secção é trazer à superfície algumas das razões pelas quais a acusação da prática de magia e bruxaria está orientada para o género, especialmente porque a mulher é a acusada. As respostas a estas questões desenvolvem-se à medida que a discussão se vai desenrolando.

No cristianismo, a feitiçaria estava associada à heresia e à apostasia. Era vista como maligna e surgiram receios em relação à feitiçaria, que acabaram por conduzir a uma caça às bruxas em grande escala. Acreditava-se que o Cristianismo estava a travar uma batalha contra o Diabo e o seu exército secreto de bruxas, que tinham celebrado um pacto diabólico. Muitas pessoas foram executadas e outras foram presas, torturadas, banidas e viram as suas terras e bens confiscados. As acusações de bruxaria eram frequentemente combinadas com outras acusações de heresia. No período medieval, *o Malleus Maleficarum*, um famoso manual de caça às bruxas utilizado pela comunidade cristã, descrevia como identificar uma bruxa, o que tornava uma mulher mais

---

155 Ogden D., 2002,Op cit, p135.
156 Reardon B. P., 1989, Op. cit., p. 590.

suscetível de ser uma bruxa do que um homem, como levar uma bruxa a julgamento e como punir uma bruxa. O livro define uma bruxa como má e tipicamente feminina. A maioria dos acusados eram mulheres.

É evidente que a literatura clássica contém muitas representações vívidas de mulheres como praticantes de artes mágicas, incluindo Circe e Medeia, Erictho de Lucano, Meroe e Pamphile de Apuleio e as cortesãs de Luciano. Os académicos têm notado que as fontes literárias gregas e romanas apresentam as mulheres como utilizadoras de magia, apesar de outras provas, como os papiros mágicos gregos e as tábuas de maldição sobreviventes, enfatizarem os homens como especialistas em rituais e utilizadores de magia. Quaisquer que sejam as razões por detrás deste enigma, não há desacordo quanto à vivacidade das descrições ficcionais de mulheres praticantes de magia. Estas acusações não se limitam às representações literárias, mas também à vida real, onde as mulheres são acusadas de serem bruxas.

A caraterística mais óbvia de uma bruxa era a capacidade de lançar um feitiço (ação mágica), que podia consistir num conjunto de palavras, fórmulas, versos, acções rituais ou qualquer combinação destes. A necromancia era considerada uma outra caraterística da feitiçaria, sendo esta uma prática de conjurar os espíritos dos mortos para fins de adivinhação. A comunicação com os mortos é um sinal que indica que a pessoa é realmente uma bruxa; por exemplo, em 1 Samuel 28, Saul consultou uma bruxa para comunicar com Samuel. A bruxa praticava a adivinhação e podia chamar os mortos de volta. As bruxas podiam inventar venenos malignos, influenciar o clima e até mover a lua e as estrelas.

Nas sociedades antigas, estes fenómenos apontam para a mulher como protagonista. Em média, a feitiçaria, que se dizia ser o mal supremo da humanidade, estava relacionada com o sexo das mulheres, tal como a bem-aventurança, que era o bem supremo do ser humano, estava relacionada com o sexo dos homens. As mulheres, enquanto grupo, foram as primeiras a ser objeto de processos criminais por bruxaria. As mulheres que trabalhavam como curandeiras, parteiras e conselheiras, utilizando uma combinação antiga de experiência (senso comum) e técnicas mágicas para curar e aconselhar, foram consideradas legalmente responsáveis pelos seus actos quando foram feitas alegações de bruxaria. Vistas como um grupo de adultos independentes, as mulheres fizeram história ao serem acusadas de impedir a conceção, provocar abortos, abortos e nados-mortos, tornar os homens impotentes, seduzir os homens, ter relações sexuais com o diabo e dar à luz espíritos malignos.[157] As mulheres também eram vistas como autoridades em matéria

---

157 Graves R., 1990, Op. cit., p. 8-9, 22, 45.

de sexualidade, o que levou a fortes acusações de prática de bruxaria.

Olhando para o estatuto da mulher na sociedade,[158] , verificou-se que a opinião da mulher era menos reconhecida no fórum político e social. Era o homem que liderava a comunidade e a família. Com uma tal posição social na comunidade, é possível que a mulher recorresse a práticas como a magia e a feitiçaria para se libertar dessa escravatura. Segundo Aristóteles, a mulher não tinha importância, era um homem deformado, um objeto fraco e inferior, sem conhecimentos nem capacidades. Argumentava que as mulheres precisam da supervisão de um adulto porque a sua racionalidade é imperfeita e imatura.[159] Esta descrição torna a mulher mais vulnerável e um alvo fácil de apontar como criminosa que pratica magia e feitiçaria.

Desde o início da sua defesa na *Apologia*, Apuleio nega as acusações que lhe são feitas de possuir ferramentas que é acusado de usar nas suas actividades mágicas. Apesar de as acusações apontarem para vários instrumentos que são possuídos por bruxos, como se pode verificar na discussão anterior, Apuleio defende-se afirmando que se trata de instrumentos que utiliza diariamente em casa.[160] Esta justificação mostra que ninguém aceita ser chamado de bruxo e que, por vezes, estas acusações são baseadas em suspeitas. Algumas pessoas são acusadas de praticar magia e bruxaria e, por isso, são vistas como uma ameaça para a comunidade em que vivem. Devido à eloquência de Apuleio e ao facto de ele ter casado com a mulher mais rica da comunidade, o irmão de Pudentila sabia que toda a riqueza de Pudentila seria canalizada para Apuleio. Por isso, mobilizou-se com o objetivo de o eliminar antes de receber qualquer coisa dela. É de notar que Apuleio foi acusado de ser um praticante de magia e feitiçaria devido à inimizade.

De acordo com os estereótipos representados no *Asno* de *Ouro* de Apuleio, seria de esperar que a suspeita de magia erótica recaísse sobre as mulheres mais velhas que conseguiam seduzir homens mais novos para os seus afectos. Sócrates conta que estava a viver com uma certa Meroe.

Além disso, há implicações no facto de Meroe ter enfeitiçado o seu jovem e belo hóspede e de ser bastante idosa, mas, de alguma forma, Sócrates sentiu-se atraído por ela. De facto, ao contar a sua história, Sócrates parece quase não acreditar nas suas próprias acções; não só levou Meroe para a cama, como lhe deu todos os seus bens.[161] Sócrates não é o único apaixonado por uma

---

158 Ver págs. 48 - 53.
159 Fouts S., 2007, Aristotelian views of women, www.associatedcontent.com
160 Butler H. E., Op cit, Internet Classics Archive http://classics.mit.edu//Apuleius/apol.html, parte 13
161 Leinweber D. W., 1994, Op. cit., p. 78.

mulher mais velha. Existe também o jovem Boeotiano apaixonado por Pamphile,[162] e também a mulher do padeiro que é íntima de um jovem sem nome.[163] Estes actos permitem suspeitar que alguém utiliza magia erótica fornecida por mulheres, apontando assim a mulher como praticante de magia e feitiçaria.

As mulheres não são acusadas apenas com base nos motivos acima referidos. Algumas são apanhadas em flagrante, enquanto outras são "bem conhecidas" por tais actos. Aqui podemos recorrer à abordagem fenomenológica, uma vez que estas alegações carecem normalmente de provas científicas. Por exemplo, não era novidade que Pamphile era uma bruxa, mas era um facto bem conhecido. Assim que Lúcio entra em solo tessaliano, é avisado dos feitiços de Pamphile pelo estalajadeiro, pela sua parente Byrrhaena e pelo seu novo amor Fotis.[164] Também testemunha a transformação da mulher do seu anfitrião numa coruja,[165] um ato que ele próprio tentou, mas infelizmente foi transformado numa forma de asno, que manteve durante algum tempo até ser salvo pela deusa egípcia/helénica Ísis.

Por outro lado, embora os homens pudessem ser acusados de feitiçaria e ser processados, eram as mulheres que eram mais visadas. Os homens geralmente eram associados à bruxaria principalmente porque eram parentes de mulheres que já eram suspeitas, ou porque tinham cometido outros crimes relacionados com a bruxaria. Depois deste longo balanço, deve ficar claro que não só as mulheres eram bruxas, mas também os homens praticavam bruxaria. Em *O Asno de Ouro*, há homens envolvidos na prática da magia, Zatchlas, o feiticeiro egípcio, e Diophanes, o caldeu.[166] Se Apuleio estava inocente na sua *Apologia* é uma incógnita, mas o facto é que foi julgado por praticar bruxaria e possuir instrumentos perigosos.

A defesa geral de Apuleio é a de que persegue o conhecimento de todas as coisas com o desinteresse do filósofo e, de facto, reconhece estar mais interessado em defender a reputação da própria filosofia do que a sua própria reputação da mácula da magia. No entanto, está consciente de que a tradição filosófica tem as suas raízes em figuras da tradição xamânica que são difíceis de distinguir, em termos de género, dos magos-fundadores. Por trás de Platão e Sócrates estavam Orfeu, Pitágoras, Zalmoxis, Epiménides e Empédocles.[167] Até Barbara Rosen indica que Virgílio viveu no folclore como um homem de poderes mágicos, combinados com a risível falta de senso

162 Graves R., 1990, Op. cit., p. 47.
163 ibid, p. 150 e seguintes.
164 Ibid, p 16, 22, 45 - 46.
165 Ibid, p 48 - 49.
166 Graves R., 1990, Op cit, p 26 - 27, 34 - 35.
167 Ogden D., 2002, Op. cit., p. 288 - 289.

comum de um intelectual.[168]

3.5 **Conclusão**

Este capítulo revelou que as mulheres são as pessoas mais acusadas de praticar feitiçaria e magia. Religiosamente, as divindades do mundo greco-romano e do Egito responsáveis por estes fenómenos são femininas. Por um lado, temos a deusa Hécate e, por outro, a deusa Ísis. O facto de estas divindades serem femininas permite concluir que as mulheres tendiam a consultá-las em tempos de crise e algumas foram iniciadas no seu culto para escapar à miséria a que estavam sujeitas nas suas comunidades. Assim, as acusações de bruxaria contra as mulheres eram o resultado da forma como os homens as viam na sociedade. Em *O Asno de Ouro*, a maioria das mulheres está envolvida na prática da magia e da feitiçaria, e parece que elas abraçaram a feitiçaria. É seguro concluir que as acusações de bruxaria estão sobretudo relacionadas com o género.

---

168 Rosen B., 1969, Op cit, p 3 - 4.

Capítulo 4: Conclusões

A descoberta mais importante que este exercício fez foi que o género é uma causa subjacente às acusações de prática de feitiçaria. Uma pessoa, especialmente uma mulher, pode ser acusada de praticar feitiçaria como resultado do seu estatuto social, devido à inimizade dos vizinhos, ou pode ter sido apanhada no ato de praticar feitiçaria positiva ou negativa. Uma pessoa pode também ter a reputação de ser bruxa e estar rodeada de uma aura de crenças de bruxaria. Parece que tudo o que diz respeito à magia e à feitiçaria aponta para a mulher como protagonista destes actos. Significa isto que os homens não participam nestes actos ou resulta do facto de a mulher ser sempre um alvo fácil para culpar por todos os defeitos que se abatem sobre uma sociedade?

O facto de as mulheres gozarem de poucos direitos na sociedade pode ser uma razão para praticarem magia e feitiçaria, mas será uma base forte para argumentar que elas e só elas praticavam estes fenómenos? Hesíodo é de outra opinião, pois afirma que é um decreto dos deuses que as mulheres são as portadoras do mal.[169] Ele mostra que não só a mulher trouxe problemas para o mundo, como também o homem trouxe sofrimento para si mesmo ao aceitar o dom de Pandora. Assim, como forma de escapar a esse sofrimento, e tendo sido informados de que a adesão a cultos de feitiçaria e práticas mágicas trazia a liberdade, é possível que os homens também aderissem a esses movimentos para também se libertarem de todo o tipo de sofrimento ou para ganharem a vida com essas práticas.[170] Embora a mulher seja considerada inferior e mais fraca que o homem, é preciso notar que a mesma mulher é de grande importância na construção de lares e nações. São elas que sustentam as famílias e, por vezes, são também responsáveis pela ascensão e queda das nações, como é o caso de Cláudia, mãe de Nero, e Cornélia, mãe dos irmãos Gracchi.

O *Asno de Ouro* de Lúcio Apuleio é bem conhecido nos círculos académicos latinos como as *Metamorfoses,* e conta as aventuras de um jovem Lúcio que se encontra na forma de um asno como resultado da sua curiosidade. Desde o início da sua viagem à Tessália, Lúcio era curioso e queria também estudar a arte da magia (*ars magica*), mas acabou por se transformar num asno.[171] O facto de as mulheres da Tessália serem famosas praticantes de feitiçaria e magia não faz delas as únicas a praticar estes fenómenos numa perspetiva mais ampla. *O Asno de Ouro* mostra claramente que não só as mulheres praticam a feitiçaria e a magia , como também os homens se

---

169 Wender D., 1973, <u>Op. cit.,</u> p. 62.
170 Graves R., 1990, <u>Op cit</u>, p 26 - 27
171 Ibid, p 50.

interessam pela prática da magia e da feitiçaria. [172]

O facto de Apuleio ter sido acusado de praticar magia, a que chama arte negra, na primeira parte da sua *Apologia*, quando tenta defender a sua posição.[173] Na *Apologia*, nega as acusações de prática de magia, embora se saiba que gostava de estudar esta arte. Apresentou-se perante um júri para se defender destas acusações. Para esta investigação, o julgamento de Apuleius prova que a feitiçaria não era praticada apenas por mulheres, pois alguns dos utensílios possuídos por Lucius Apuleius são instrumentos utilizados por bruxas.[174] O facto de Apuleio possuir estes utensílios permite-lhe ser um praticante de bruxaria, embora tenha tentado explicar a sua posição, defendendo-se de que não era mágico nem feiticeiro.

Com as provas acima apresentadas por diferentes académicos, pode argumentar-se que, embora seja verdade que as mulheres praticavam bruxaria, os homens também a praticavam. É evidente que o próprio Apuleio se interessava pelo estudo da magia e da feitiçaria e há outros que também a praticavam. O baixo estatuto atribuído às mulheres desde a Antiguidade é uma das principais razões pelas quais as mulheres são geralmente acusadas de serem bruxas. Independentemente de a bruxaria existir ou não, é também possível que as mulheres se tenham associado deliberadamente a este rótulo para dissuadir os homens e, assim, ter uma aparência de controlo sobre as suas vidas (das mulheres) e, especialmente, sobre a sua sexualidade. Este cenário ainda se verifica em todo o mundo e a sociedade contemporânea do Zimbabué não é exceção.

---

172 Ibid, p 22.
173 Butler H. E., Op. cit., http://classics.mitedu//Apuleius/apol.html
174 Ibid - Lúcio possuía um espelho, que eu consideraria como um instrumento importante utilizado pelos bruxos para ver o passado, o presente e o futuro, as suas vítimas ou para comunicar com os espíritos.

BIBLIOGRAFIA

Fontes primárias

1. Graves R, 1990, <u>Lucius Apuleius: *O Asno de Ouro*,</u> Inglaterra, Penguin Books Ltd.

2. Hammond M., 1987, <u>Homer: The Iliad,</u> Inglaterra, Penguin Books Ltd.

3. Innes M.M., 1955, <u>Ovid: Metamorphoses,</u> Inglaterra, Penguin Books Ltd.

4. Lee H. D. P., 1960, <u>Plato: The Republic,</u> Inglaterra, Penguin Books Ltd.

5. Wender D., 1973, <u>Hesiod and Theognis,</u> Inglaterra, Penguin Books Ltd.

6. Pine-coffin R. S., 1961, <u>St Augustine: Confessions,</u> Inglaterra, Penguin Books Ltd.

Fontes secundárias

1. Barstow A. L., 1988, <u>On Studying Witchcraft as Women's History: A Historiography of the European Witch Persecutions,</u> Journal of Feminist Studies in Religion, Vol. 4, No. 2, pgs 7 - 19.

2. Blundell S., 2002, "Women and the Household in Ancient Greece" in <u>The Other Side Of Western Civilization: Readings In Everyday Life,</u> ed. por Stanley Chodorow e Mara Sortor, Fort Worth (U. S. A.), Harcourt College Publishers.

3. Burris E. E., abril de 1936. 'The Terminology Of Witchcraft' in the <u>Classical Philology,</u> vol. 32 no.2, Chicago, The University of Chicago Press, pgs 137 - 145.

4. Cary M. e Haarhoff T. J., 1966, <u>Life And Thought In The Greek And Roman World,</u> Londres, Methuen.

5. Chavhunduka G. L., 1980, 'Witchcraft And The Law In Zimbabwe' <u>Zambezia,</u> Vol. 3 No.2, pgs 129 - 147.

6. Frangoulidis S., 2008, <u>Witches, Isis and Narratives: Approaches to Magic in Apuleius' Metamorphoses,</u> Berlim, Walter de Gruyter.

7. Gamlath I., 2010, <u>Degrees of Unity in Levels of Motivation: Desperate Witches in Apuleius' Golden Ass and Theurgists in Iamblichus De Mysteries,</u> Sri Lanka, University of Kalaniya.

8. Gibson W. B., 1979, "Witchcraft Among The Ancient" in <u>Witchcraft; A History Of The Black Art,</u> Londres, Arthur Barker Ltd.

9. Graverini L., <u>Literatura e Identidade em *O Asno de Ouro* de Apuleio,</u> *(texto não publicado).*

10. Keeman M. E., julho de 1940, 'The Terminology of Witchcraft in the Works of Augustine'

in the <u>Classical Philology</u> vol. 35 no3, pgs 294 - 297.

11.   LagerwerfL., 1987, <u>Witchcraft, Sorcery and Spirit Possession: Pastoral Response in Africa,</u> Gweru, Mambo Press.

12.   Leinweber D. W., 1994, <u>Witchcraft and Lamiae in <i>The Golden Ass</i></u>, Folklore: vol 105, Taylor and Francis Ltd, pgs 77 - 82.

13.   Levack B. P., 1992, <u>Witchcraft in the Ancient World and the Middle Ages,</u> Nova Iorque, Garland Publishing Inc.

14.   Mackail J. W., 1909, <u>Latin Literature,</u> Londres, John Murray.

15.   McClymont J. D., 2008, "The Character Of Circe In The Odyssey" in <u>Akroterion,</u> Vol. 53, pgs 21 - 29.

16.   Meyer M. e Mirecki P., 1995, <u>Ancient Magic and Ritual Power,</u> Nova Iorque, E. L. Brill.

17.   Murray O., 1991, <u>Life and Society In Classical Greece,</u> U. S. A., Oxford University Press

18.   Ogden D., 2002, <u>Magic Witchcraft And Ghosts In The Greek And Roman Worlds,</u> Nova Iorque, Oxford University Press .

19.   Petrie A., 1949, <u>Roman History Literature And Antiquities; An Introduction,</u> Londres, Oxford University Press.

20.   Poc E. , 1999, <u>Between The Living And The Dead: A Perspective On Witches And Seers In The Early Modern Age,</u> Budapeste, Central European University Press.

21.   Reardon B. P., 1989, <u>Collected Ancient Greek Novels,</u> Califórnia, University of California Press.

22.   Rosen B., 1969, <u>Witchcraft,</u> Londres, Edward Arnold.

23.   Ruiz-Montero C., 2007, "Magic in The Ancient Novel" In Paschalis M. et al (Eds.), <u>The Greek and The Roman Novel Parallel Readings,</u> Groningen, Barkhuis & Groningen University Library

24.   Stambough J. E., 1988, <u>The Ancient Roman City,</u> Londres, The John Hopkins University Press.

25.   Taylor D., 1975, <u>Greek and Rome topic 4: Work in Ancient Greece and Rome,</u> Londres, George Allen and Unwin.

Fontes na Internet

1.   Arbel I., "Witchcraft; The Dawn Of Witchcraft" in The Encyclopedia Mythica, www.pantheon.org/areas/featured/witchcraft/chapter-2.html

2.   Aristóteles sobre as mulheres, 2011www.newfoundations.com/WOMAN/Aristotle/

3.   Atsma A. J., 2008, Hekate, Nova Zelândiawww.theoi.com/EncycA.html

4.   Beresford C. J., Roman Witches; Ancient Witchcraft And The Religious Power Of Magic In Rome (Bruxas Romanas; Bruxaria Antiga e o Poder Religioso da Magia em Roma), www.suite121.com/content/roman witches a131156

5.   Butler H. E., Lucius Apuleius: The Apologia, Internet Classics Archive http://classics.mit.edu//Apuleius/apol.html

6.   Clayton E., Aristóteles, A Política: Livro 1- Mulheres, Internet Encyclopedia of Philosophy (IEP), Aristóteles; Políticawww.iep.utm.edu/

7.   Ellwood R. S, Witchcraft, Enciclopédia Online, http://encarta.m.s.n.com

8.   Evans-Pritchard E. E., 2010 , 'Witchcraft' in Wikipedia, The Free Encyclopedia, http://en.wikipedia.org/wiki/Witchcraft/

9.   Fouts S. , 2007, Aristotelian Views of Women, www.associatedcontent.com

10.   Historum-História   Fóruns,   Bruxaria no mundo antigo,

http://www.historum.com/ancient history/27018-witchcraft-ancient-world.html,

11.   Jean Claus Di Basio, Ars Arcana: A magia no mundo romano

,http://what é witchcraft.blogspot.com,

12.   Marcus Tullius Cicero, 1923, On divination (de Divinatione), revisto por Bill Thayer, Loeb Classical Library, http://penelope.uchicago.edu/Thayer/E/Roman/Texts/Cicero/de Divinatione/

13.   Pinch G., 2011, Ancient Egyptian Magic, www.bbc.co.uk/history/ancient/egyptians/magic 01.shtml

14.   Pitágoras, o Filósofo Grego, 2010, Occultopedia, a Enciclopédia do Oculto e do Inexplicávelwww.occultopedia.com/p/pythagoras.htm

15.   Smith N., The Role of Women and Magic in 'The Golden Ass' by Apuleius, www.articlemyriad.com

16.   Socyberty, 2009, Witches in Ancient Egypt, http://relijournal.com/paganism/halloween-

for-witches/

17.   "The Goddess Isis" in Witches of the Craft, http://witchesofthecraft.com/2012/01/12/the-goddess-isis/ , recuperado em 19 de março de 2012

18.   Tully C., 2002, The Cauldron:- Witchcraft, Paganism and Folklore-Witches of Ancient Greece and Rome, http://www.thecauldron.org.uk/

www.ingramcontent.com/pod-product-compliance
Ingram Content Group UK Ltd.
Pitfield, Milton Keynes, MK11 3LW, UK
UKHW041934131224
452403UK00001B/119